北京大学非营利组织法研究书系

公益信托
与慈善信托专论

Legal Issues on
Charitable Trust

金锦萍 著

社会科学文献出版社
SOCIAL SCIENCES ACADEMIC PRESS (CHINA)

目　　录

第一章　绪论 ……………………………………………… /1

　　一　本书的缘起 ………………………………………… /1

　　二　公益信托概述 ……………………………………… /6

　　三　公益信托（或者慈善信托）的分类…………………… /17

　　【本章小结】公益信托还是慈善信托？ ………………… /24

第二章　公益信托与两大法系

　　　　　——我国移植公益信托的障碍以及跨越 ………… /26

　　一　公益信托的起源与发展 …………………………… /27

　　二　公益信托在当代美国：非营利组织之一种 ………… /32

　　三　移植公益信托制度的理论困境与克服 ……………… /40

　　四　公益信托与财团法人 ……………………………… /45

　　五　公益信托制度在大陆法系的实践 …………………… /51

　　六　我国公益信托制度现状及问题 ……………………… /54

　　【本章小结】公益信托与两大法系：障碍可以被跨越 …… /60

第三章　中国法上的公益信托规范……………………………… /61

　　一　公益信托的设立 …………………………………… /61

二　公益信托的受托人 ················· / 72

三　公益信托的监督管理 ················· / 83

四　公益信托的终止和近似原则 ··········· / 87

【本章小结】纸上谈兵的公益信托规范 ········· / 92

第四章　《慈善法》中的慈善信托 ············· / 97

一　慈善信托发展现状 ················· / 97

二　《慈善法》关于慈善信托的特殊规范 ······· / 100

三　重新审视公益信托与慈善信托 ··········· / 103

四　慈善信托规制之得失检讨 ·············· / 107

五　慈善信托的典型案例与疑难问题 ········· / 121

第五章　公益信托还是慈善信托？
　　　　——概念界定及其规范意义 ········· / 129

一　问题的提出：从词源开始 ·············· / 131

二　公益信托概念的规范意义之一：有效与无效之分 ··· / 134

三　公益信托概念的规范意义之二：激励与监管齐下 ··· / 138

四　公益信托的认定标准 ················ / 145

五　我国实践中的"类公益信托"性质分析 ······· / 152

【本章小结】公益信托的法律规范意义 ········· / 156

第六章　税法视角的审视：慈善信托的出路 ········· / 157

一　《慈善法》中的慈善信托不具有税法上的规范意义 ··· / 158

二　关于公益性捐赠税前扣除制度的现行规定 ······· / 160

三　慈善信托的公益性认定：慈善信托获得税收优惠的

　　前提 ·························· / 166

四　完善公益信托（或者慈善信托）税制的建议 …………… / 181

【本章小结】税收减免是权利而非优惠 ………………… / 186

附　件 …………………………………………………… / 188

《中华人民共和国慈善法》节选 ………………………… / 188

《中华人民共和国信托法》节选 ………………………… / 189

《慈善信托管理办法》 …………………………………… / 191

第一章 绪论

一 本书的缘起

早在攻读博士学位期间，以非营利法人治理结构为研究对象开启了笔者在非营利法治和公益慈善法律领域的研究之旅，尽管当时从未想过会在这条路上一直走到今天。博士毕业后就有了一个企图：穷尽我一生，能否从主体角度，逐一研究非营利领域的各类主体，例如公益信托和非法人非营利社团。按照这一思路，笔者选择了公益信托作为博士后期间所要攻克的课题，作为博士学位论文的延续和发展。

我国于 2001 年通过的《中华人民共和国信托法》（以下简称《信托法》）中专章规定了公益信托。但是遗憾的是，实践中鲜有公益信托的成功实例。于是 2005 年到 2006 年期间，笔者专门为此去美国耶鲁大学和密歇根大学法学院访学，希望能够找到肇源于英美法的公益信托（或者慈善信托）无法在中国落地生根的原因。博士后研究结束之后，笔者便将此并不满意的阶段性研究成果束之高阁，直至 2014 年重启中国慈善法立法进程，其间涉及是否以及如何在慈善法中规定慈善信托的争论，方才意识到这一问题其实一直都在那里。2016 年 3 月，《中华人民共和国慈善法》（以下简称《慈善法》）颁布并于同年 9 月实施，专章规定了慈善信托。于是我国就成为世界上唯一的、在两部不同的法律中以两个不同的法律术语规定信托如何应用于公益慈善领域的国家。且不谈是否违反法律统一性原则，在具体法律规范的适用方面，也面临诸多疑问，这使笔者觉得有必要将这十几年来关于公益信托和慈善信托的一些研究心得进行系统化梳理，呈现并求教于学界同人。

信托制度在英美法中是财产制度的一部分，也与遗嘱和继承制度相关。公益信托（或者慈善信托）又是信托制度的一部分，同时也涉及非营利组织（慈善组织）的相关制度。英国法学家梅特兰曾经说过：英美法中最卓越的贡献就是创设了信托法律制度。任何制度的创设与其在特定时期的现实需要密切相关。有意思的是，信托的起源却恰恰是规避法律制度的结果。所以回到某一制度起源及其发展的历史环境中去思考制度也是必需的进路。

在商事信托蓬勃发展的今天，公益信托（或者慈善信托）怯怯地待在信托制度的一隅。但是这隅赋予了社会中的个人以更加充分的选择自由，他们得以在法律允许的框架内去实现自己的某种社会理念，或者去履践自己所推崇的公益价值。

（一）研究方法与研究进路

本书在写作中，采用了多种研究方式和途径。笔者采取最多的是比较法和历史研究方法。研究方法的选择是研究选题的需要，往往也受到研究者自身的知识储备、研究习惯和价值选择的限制。

首先是比较研究方法的使用，笔者意欲通过对各国的制度选择进行宏观对比，分析其共性和个性，从而揭示制度的价值选择，以及制度与文化环境、社会环境之间的关系。一国在制定法律时需要借鉴外域的经验。因为，"今天，在许多国家，对许多问题的每一位追求高质量的立法者都认为，从比较法学方面拟就一般报告或者特别以专家鉴定的方式提供资料，乃是不可缺少的工作手段"①。"世界种种法律

---

① 〔德〕德·茨威格特、H. 克茨：《比较法总论》，潘汉典、米健、高鸿钧、贺卫方译，贵州人民出版社，1992，第27页。其实在目前中国的立法活动中也体现了这一现象，例如在《合同法》和《物权法》制定过程中，学者们作了大量（转下页注）

体系能够提供更多的、在它们分别发展中形成的丰富多彩的解决办法，不是那种局处本国法律体系的界限之内即使最有想象力的法学家在他们短促的一生能够想到的。"①笔者在这里无意于质疑本国立法者们的想象力与创作力，只是希望通过这样的努力，为我国在相关领域立法时提供多种途径选择。更何况，信托法本来就源于英国。为了解信托制度，有必要将其复原到一定的立法环境之下。所以比较法在本书中予以运用。

本书对于同一法系的国家的公益信托（或者慈善信托）制度也进行了一定的比较。更重要的是，在通过比较揭示其区别之后，分析这种区别的原因所在，以及我国所能借鉴的因素。比较研究方法还体现在对从事公益事业所能选择的组织形式的比较，例如公益信托（或者慈善信托）与非营利法人、非法人非营利社团之间的比较，再如在我国公益信托（或者慈善信托）与基金会、社会团体法人以及民办非企业单位（或者社会服务机构）之间的比较，以寻求证明其功能上的不可替代性以及引入该制度的必要性。

其次，我们不得不承认制度的选择和构建存在路径依赖的问题。制度的滥觞以及发展都离不开特定时期、特定场景下的特定选择。所以就有必要对公益信托（或者慈善信托）制度的历史沿革、对信托制度在我国的引入发展过程进行梳理和分析。通过历史研究的方法可以懂得信托乃至公益信托（或者慈善信托）制度的来龙去脉，其在不同时期的发展脉络；比较这些时期的社会因素对制度的影响，然后在结合我国目前现实的情况下，提出切实可行的建议。

当然，法律的解释理论、利益衡量的理论在本书中也会有所体现。尤其在分析公益信托（或者慈善信托）的受托人义务及其监督管理问题时，不得不去考量在这一法律制度中，各方当事人之间的利益衡量

　　（接上页注①）的各国立法例方面的研究，作为立法理由来提出主张。此后这一方法也在其他的立法过程被大量采用，包括《慈善法》的制定。

① 〔德〕德·茨威格特、H. 克茨：《比较法总论》，潘汉典、米健、高鸿钧、贺卫方译，贵州人民出版社，1992，第26页。

问题。公益信托（或者慈善信托）制度中，由于其不存在确定的受益人，而委托人一旦设立信托，也不直接参与信托的管理与运营，因此对受托人的权限的限制、其义务的界定等问题都有赖于制度本身的设计。在具体到各个规则时，就需要衡量各方当事人的利益主张和其体现。因此各种价值判断也会呈现。由于信托制度本身是一种充满弹性和充分发挥委托人想象力的制度，所以一方面必须最大可能地给予各方当事人以自由；另一方面，公益信托（或者慈善信托）制度又事关公共利益，不存在确定的受益人，所以就得在制度构建时考虑各种因素。法律的解释理论无疑是法学研究的基本方法之一，通过各种解释方法的运用找出符合立法原意的真正含义。

依笔者陋见，公益信托（或者慈善信托）可以围绕两个特征进行研究。

一者，研究其作为信托机制应用于公益慈善领域的特点所在。如果从这一点切入就有必要将其置于整个非营利组织法律的框架内进行审视。在非营利组织法律框架内，当事人意欲从事公益事业，可以有多种途径，例如选择非营利法人的方式（在我国有基金会、社会团体法人和民办非企业单位），也可以选择非法人非营利社团的方式（目前这一方式在我国存在合法性困境）。那么在一个国家的法律提供这些工具或者渠道的时候，公益信托（或者慈善信托）与其他方式相比较，其特点在哪里？能够满足哪些需要？是否可以被其他形式所替代？通过这一条进路，公益信托（或者慈善信托）的许多特征以及制度功能得以凸显出来。

二者，从信托的分类角度进行研究。即研究其具备公益性之后，与其他类型的信托（主要是私益信托）之间的区别所在，以及这些区别所存在的原因。研究初期，笔者误认为信托制度是以私益信托为模板发展起来的，所以推断大量的制度设计围绕着委托人、受托人和受益人的权利义务关系展开，并希冀在他们之间构建一种权力制衡机制。甚至推断由于公益信托（或者慈善信托）制度中不具备这样的制衡关系，所以在制度构建中就需要国家介入。同时，由于其目的的公益性，国家又得提供政策上的支持（主要是税收优惠），以鼓励其发展。所以顺理成章地认为：围绕这些问题进行研究，公益信托（或者慈善信托）制度区别于私益信托的地方得以明朗起来。但是随着研究的深入，笔者发现：信托的发展历史中似乎没有从私益信托发展到公益信托（或者慈善信托）的轨迹，甚至可以说从信托起源伊始，公益信托（或者慈善信托）与私益信托几乎同时期产生，并沿着各自的发展轨迹绵延至今。只是在法律上对以公益慈善为目的的信托予以识别并给予特别规定（包括税收优惠）的制度确立甚晚。因此有必要进行澄清与说明。

（二）缺陷与思考

一者，公益信托（或者慈善信托）制度作为信托制度的一部分，其基本原理脱胎于信托原理。这一点在全书写作过程中已经凸显出来，尤其在信托受托人权限和义务这部分内容中，体现得尤为明显。所以本书在结构设计时既要求面面俱到，又得兼顾重点阐述公益信托（或者慈善信托）特殊之处的使命。在这两个问题的平衡上存在一定欠缺。这可能得通过对公益信托（或者慈善信托）制度的进一步深入研究，将与私益信托制度重合的部分进行厘清和过滤，把重点放在公益信托（或者慈善信托）的特殊之处才可做到。

二者，如果完全针对公益信托（或者慈善信托）有别于私益信托的特点展开研究，可能就只能在公共利益对法律制度的特殊要求上做文章，就会使公益信托（或者慈善信托）制度研究偏离其本身作为信托制度的法律构建的初衷。所以如何把公益信托（或者慈善信托）制度中的"公益"和"信托"这两个问题阐述清楚也是一个问题，如果强调公益性或者慈善目的，则时时处处需要强调其与私益信托制度的不同之处，还得推定读者首先掌握信托制度的基本原理和规则。反之，如果强调信托制度，就要甄别公益信托（或者慈善信托）与其他从事公益事业的组织方式之间的区别所在，例如非营利法人和非法人非营利社团。在我国则要区分其与社会团体法人、基金会法人和民办非企业单位之间的差异。例如在论证公益信托（或者慈善信托）在我国的必要性时，强调其作为一种特殊的财产管理方式，一种特殊的公益事业可以采取的方式的特征；而在阐述公益信托（或者慈善信托）制度的具体设立、营运、监督管理等问题时，则在介绍一般信托制度的基础之上，重点论述公益性所带来的特殊法律规则。但是笔者担心在本书中，可能这样的努力还是不够充分。

三者，心存疑虑的依然是，信托制度本身在理论上存在的困境（例如信托财产登记制度的缺陷、信托税收制度阙如）的确影响到公益信托（或者慈善信托）的实践应用性。因此在分析相关问题时不得不回到政策层面进行必要分析，在一定程度上会在原理与政策之间来回跳跃。

二　公益信托概述

（一）公益信托的起源与发展

信托起源于中世纪的英国，并被公认为是英国法律制度中的伟大创造。[①] 英国著名法学家梅特兰认为信托体现了基本的道德原则，更

---

① 关于信托的起源问题，也有学者认为信托起源于罗马法。参见江平、米健《罗马法基础》（修订本第三版），中国政法大学出版社，2004，第428页。他们认为："现代信托制度渊源于罗马法，而罗马法的信托又源于继承。"同样的观点见于周枏《罗马法原论》（下册），商务印书馆，1994，第572页。但是也有学者提出不同的看法，认为尽管罗马法中的遗产信托与英国的信托之间存在明显的相似之处，但是遗产信托不能在活人之间设立，而且遗产信托受托人的地位也不同于英国信托受托人的地位。一方面，当遗产信托要求立即转让遗产时遗产信托受托人的地位只是形式上的和过渡性的；另一方面，当遗产信托设立了一定的沉淀期时，受托人则取得全部的受益人利益。参见〔英〕巴里·尼古拉斯《罗马法概论》，黄风译，法律出版社，2000，第285页。主张信托起源于中世纪的英国的观点还参见张淳《信托法原论》，南京大学出版社，1994，第2页。笔者之所以持后者观点，是因为认为两者观点的分歧并不在于现代信托制度的起源，而在于英国的信托制度是否源于罗马法。这一分歧并不影响本书的展开和分析，所以暂且将此问题束之高阁，留待以后继续深究。

因为它的灵活性，是一种具有强大弹性和普遍性的制度。他甚至认为信托是英国法律人富有特色的创造的组成部分，几乎成为其文明的实质，因为其他任何外国法中都没有类似的制度。① 根据梅特兰的观点，信托最早起源于 13 世纪的用益（use）制度，当时法律禁止苦行僧圣方济会的修道士（Franciscan friars）持有不动产，为了规避这一禁止性规定，修道士就通过他人持有来使用不动产。② 当时普通法院并不承认用益制度，因此用益制度也不具有执行力。

英国自土地用益制度到信托法律制度出现经历了以下几个时期。

第一阶段，自用益制度产生到 15 世纪初期。这一阶段的特色是用益制度中的受益人权利未能受到普通法的保护，该制度仅仅通过单纯的对受托人的道德约束来提供保护。用益制度无疑是一种规避法律的通道，主要体现为以下三点。其一，回避封建制度中的沉重负担和严酷处罚。当时英国的制度确立了非常严格的等级森严的封建领主和佃户之间的关系。位于下级阶层的人不仅需要缴纳租金或者服劳役，而且当土地所有人死亡时，其成年继承人需要缴纳巨额遗产税；其未成年继承人则必须以领主为监护人，土地由领主管理收益；无继承人的，土地收归于领主。其二，规避封建法令的限制，主要是长子继承制度。用益制度使其他子女也可以获得实质利益。其三，逃避债权人的追索。土地所有人为逃避债权，就以用益制度将土地转移给他人，从而使债权人追索无策。值得注意的是，在这一阶段，用益制度还被大量用来规避《没收法》（Statute of Mortmain），该法规定未经允许不可将土地转移给法人（包括宗教法人），违反这一规定的，不仅转移无效，而且将土地予以没收。土地所有人就通过用益制度将土地转移给他人，

---

① 参见 Frederick William Maitland, *Equity: A Course of Lectures*, 2nd ed., Cambridge: The Cambridge University Press, 1936, p. 23, 英文原文为: This perhaps forms the most distinctive achievement of English lawyers. It seems to us almost essential to civilization, and yet there is nothing quiet like it in foreign law。

② 参见 Frederic William Maitland, *Equity: A Course of Lectures*, 2nd ed., Cambridge: The Cambridge University Press, 1936, p. 25。

他人为宗教组织的利益进行管理。

第二阶段，自 15 世纪初期到 1535 年《用益法》（Statute of Uses）的颁布。这个阶段的特色是衡平法的介入，受益人权利受到衡平法的保护。普通法院对用益制度的漠视导致权利保护上的不平衡，英国的衡平法院对用益进行了承认和保护，[①] 用益制度也因此得到急速发展。到 15 世纪末 16 世纪初，英格兰大部分土地被以用益方式所持有，动摇了封建土地制度。于是 1535 年，英国国王亨利八世颁布了《用益法》，意在阻止以这一方式遗赠土地，同时以普通法保护受益权。[②] 但是《用益法》仅仅适用于消极的不动产用益，对于积极的不动产用益、动产用益以及借贷权用益并未予以限制。未受到限制的用益被称为 Trust，并逐渐演变为现代意义上的信托。

第三阶段，自 1535 年《用益法》颁布至 17 世纪初叶。这一阶段，受益人权利得到普通法的保护。由于《用益法》抑制了土地上的消极用益，于是现实中出现了双重用益（a USE upon a USE）。双重用益的旨趣在于：委托人将其财产设立用益之后，又以该用益的受益权设定另一个用益；《用益法》仅仅限制第一层次上的受益人，却无法影响第二层次上的受益人。但是普通法院对于第二层次上的受益权不予保护，当事人又得求助于衡平法院。

第四阶段，自 17 世纪初叶至今，为近代信托制度法制日臻完备时期。信托不仅在英美法中得到广泛应用，因为其所具有的财产管理、追求利润、员工福利、社会责任、事务处理、资金调度、风险管理等功能，还为英属诸国所采纳，逐渐也为大陆法系各国，如日本、韩国等所吸收。

---

① 见 David Villar Patton, "The Queen, the General, and the Modern Charitable Fiduciary: A Historical Perspective on Charitable Enforcement Reform", *Florida Journal of Law and Public Policy*, Spring, 2000, p. 135.

② 《用益法》的目的很明显，即将受益人认定为普通法上的所有权人，其因此也该承担普通法意义上的责任。

从信托发展的历史，得以窥见：其一，信托的起源与衡平法不可分离，[①] 但是这并不意味着衡平法依然是现代信托存在的要件；其二，信托的产生最先有规避法律的嫌疑，即使现代信托依然存在这样的问题。这并不妨碍信托成为有效的财产运行方式。信托制度作为一种极具弹性的财产管理与运用方式，只有委托人的想象力才能限制信托的运用，因为信托的存续期间、财产如何管理和投资、指定谁为受益人以及如何受益等事项都由委托人决定。难怪乎有学者说："信托最主要之特色为具有莫大之弹性，信托可用于实现法律上利益所难以达到之许多目的，不但可以用于家产之管理、遗产之处分，尤可用于许多日新月异的商事交易，其弹性之强，应用之广，效果之大，诚令大陆法系之法律家为之惊叹。"[②] 因此委托人完全可以将信托目的确定为慈善或者公共利益，利用信托制度来参与社会公共事务。

对于公益信托（或者慈善信托）的起源问题，也存在颇大争议。有学者认为公益信托（或者慈善信托）最早为出现于罗马法时期的遗产信托（fedei commissum）。但是更多的学者倾向于赞同公益信托（或者慈善信托）起源于中世纪的英国。信托的前身——用益制度肇源于苦行僧圣方济会的修道士为规避不得持有不动产的禁止性规定，通过他人持有来使用不动产。由于早期《没收法》的实施，为宗教机构的利益而向某人转移财产的做法就变得普遍起来。事实上，这种做法非常普遍，以至于1391年国会专门颁布一部新的《没收法》来制止这

---

① 衡平法院是为了弥补普通法院的缺失而成立的。普通法院诉讼程序烦琐，补偿方式不足，要求诉讼必须符合严格的形式，否则就无法获得救济。民众直接向国王申诉，寻求救济途径。国王就交代秘书处的主管代替国王来审判这些案件是否可以再救济，国王秘书处逐渐就有了一种新的功能，类似于独立的司法机关，被称为衡平法院，衡平法院法官起初根据国王的命令以"正义、良心和公正"原则来处理案件。参见 Gary Watt, *Trusts and Equity*, London：Oxford University Press, 2003, pp. 11－27。

② 杨崇森：《信托与投资》，台湾正中书局，1983，第2页。

种将土地的用益授予宗教组织的做法。① 斯科特认为："在这些情况中的受益人对于转移的财产没有任何可以强制实施的权利，但是名义上的持有人实施自己道德上的义务的危险如此之大，而他这样做被认为是侵犯了公共政策，所以国会被迫去进行干涉。"②

公益信托（或者慈善信托）出现于 15 世纪初期的英国，也就是用益制度发展的第二个时期，当衡平法院开始赋予用益制度以法律效力的时候。③ 在亨利五世时期，衡平法院对用益制度（包括公益信托）进行管辖，其管辖权在亨利六世和爱德华四世期间得到全面确立。④ 从那时起，设立公益信托（或者慈善信托）日渐频繁。可见，1601 年之前的英国，慈善性质的信托由衡平法院来认可和执行。到 16 世纪末 17 世纪初，慈善信托逐渐被滥用，1601 年《慈善用益法》（Statute of Charitable Uses）⑤ 颁布，明确规定了其公益目的，以防止公益信托（或者慈善信托）被滥用。该法明确规定公益信托（或者慈善信托）的目的包括以下十项：老人、残疾、疾病患者和贫民的救济；伤病士兵的救助；学校设备的维护；桥梁、港湾、道路、教会、堤防的维修；孤儿的教育和辅导；感化院的维护、救助；贫困女子婚姻的协助；创业青年以及弱者的协助；囚犯、战俘的救济与更生保护；贫民租税负担、出征费（安家费）的援助；等等。这一法律对公益目的的明确成

① 这无疑是教会与世俗之间的利益争斗。中世纪英国的教会法庭有一种指导思想：只要有可能，法庭就判决为敬神或慈善意图进行的捐赠有效。但是土地一旦为教会所拥有，教会又享有永久营业权，封建贵族就失去了土地上的租税。因此世俗立法就反对将土地赠予教会的做法。

② Scott and Fratcher, *The Law of Trusts*, fourth edition, Boston: Little, Brown, 1987, § 1.3.

③ 参见 Marion R. Fremont-Smith, *Governing Nonprofit Organizations: Federal and State Law and Regulation*, the Belknap Press of Harvard University Press, 2004, p.24。

④ 参见 Edith L. Fisch, Doris Jonas Freed and Esther R Schachter, *Charities and Charitable Foundations*, Lond Publications, 1974, p.151。

⑤ 该法典也被称为《伊丽莎白法典》，被认为是现代慈善法的先声，参见 G. W. Keeton and L. A. Sheridan, *The Modern Law of Charities*, 4th Edition, Belfast: Northerm Ircland Legal Quarterly Inc., 1992, p.10。

为公益信托（或者慈善信托）实务和法院判决的根据。19 世纪伊始，公益信托（或者慈善信托）被用来作为逃税的工具。对公益信托（或者慈善信托）的监管势在必行。1853 年，英国通过了《公益信托法》（The Charitable Trusts Act），并根据该法成立了慈善委员会（Charity Commission）作为专门的监督检查机关。该法后被 1960 年的慈善法所替代，其间经过十次修正，是英国当时规范慈善活动的重要法规。二战之后，英国国会于 1950 年成立了公益信托法制与运营委员会，专门起草公益法律，研究公益法律问题。十年后，他们制定了 1960 年慈善法，该法自 1987 年以来又屡次进行了重大修改，有效施行至今。

（二）公益信托（或者慈善信托）的功能

信托制度的功能可谓丰富，一般包括财产管理、追求利润、员工福利、社会责任、事务处理、资金调度、风险管理等内容。也有学者通过比较研究，揭示出信托法有别于其他法律制度的独特功能。认为信托法的主要功能在于妥善规范当事人和第三人的权利义务关系，提供具有效率的典型契约条款，这是契约法和代理所无法具有的功能；信托财产的独立性提供了信托财产免遭当事人的债权人追索的功能，是物权法所无法达到的功能；信托的多样性和弹性，提供了当事人按照意思自治原则进行多重选择的功能，是公司法所无法企及的功能。[1]与非营利法人一样，公益信托（或者慈善信托）也具有资产分割的风险阻隔功能。[2] 但是与非营利法人相比较，公益信托（或者慈善信托）还具有手续简便、执行事务灵活、节省费用等特点。[3] 公益信托（或者慈善信托）的确具有信托制度本身有别于其他法律制度的功能，但

---

[1] 参见谢哲胜《信托法的功能》，《台北大学法学论丛》第 49 期，第 155 ~ 178 页。

[2] 这一点与法人制度类似，却有别于非法人社团。因为无论是公益信托还是非营利法人，委托人或者发起人所受的最大"损失"（如果是损失的话），仅仅是完全失去信托财产或者法人的财产。

[3] 公益信托与非营利法人（尤其是财团法人）的区别，将在下文中进行详细阐述。

是尤为重要的是，公益信托（或者慈善信托）为私法主体从事公益事业提供了一种有效、简便的方式，具有为委托人实践个人的公益慈善理想提供渠道的功能。当然，不可忽视的是，公益信托（或者慈善信托）享有各种租税优惠。

（三）公益信托（或者慈善信托）的特征

公益信托（或者慈善信托）作为一种特殊类型的信托形式，有其自身特点。这些特点一方面源于其以信托方式从事公益慈善事业，另一方面源于其是以公益为目的的信托。

1. 公益信托与私益信托的比较

信托法根据信托所追求的目的是公益还是私益而区分为公益信托与私益信托。公益信托是以公共利益为目的的信托。两者的相同点在于，基于财产的管理和处分的目的，由委托人将其财产转移给受托人。但是设立目的的不同，使公益信托在很多方面存在与私益信托截然不同之处。

英美国家在肯定公益信托（或者慈善信托）的效力时，曾经遇到了麻烦。法律要求信托遵循禁止永续规则（rule against perpetuities）[1]，并且要求任何信托都须有确定的受益人。如果违反了禁止永续规则，

---

① 禁止永续规则被认为是英美法中最为复杂的规则之一。这一规则起源于封建时期的英国，当时的封建领主常常试图即使自己死后还可以继续控制财产的使用和处理。这种做法常被称为"不死的控制"。禁止永续规则的目的就是防止人们世世代代地控制财产，在封建时期的英国，实践中通过在土地上设置永续存在的信托，继承人能够以土地为生，却并不实际享有土地。这一做法避免了部分因为土地所有者死亡土地移转而产生的税负。禁止永续规则就是用来确保土地所有者死亡后，合理期限届满，有人能够真正拥有土地。所以根据禁止永续规则，除非能够显示，土地上的权益自某活着的人创设该权益之日起 21 年内会属于某人，否则该权益为效。对于遗嘱来说，自被继承人死亡之日起算；对于信托来说，则是信托设立之日起算。目前这一规则在英国继续有效。在美国则存在很大争议，有些州已经修改甚至废除该规则，一方面是因为该规则太过复杂，另一方面是因为美国鼓励财富的积累和存续，而这一规则却在近三百年里反其道而行之。

或者没有确定的受益人，那么信托的效力就会受到影响。但是，公益信托（或者慈善信托）既得以永续存在，也可以没有确定的受益人，可以说是这两个规则的例外。[1]

除此之外，在具体制度设置上也存在不少区别。在英美法上，私益信托与公益信托的差别主要体现在五个方面。

第一，为确保慈善信托的良好执行，设有特别的管理机构。在英国有专门机构——慈善委员会（Charity Commission）对公益信托（或者慈善信托）给予全面监督（通过年报和宣传材料），并对受托人提出个别建议。慈善委员会还为慈善组织的财产的保护和投资提供帮助。在美国主要是由州首席检察官来履行这一职责。

第二，公益信托（或者慈善信托）提起诉讼的特别规定。对于私益信托而言，一般是利害关系人（往往是受益人）对受托人向法院提起诉讼。但是公益信托（或者慈善信托）并不要求具备特定的受益人，而是为公众的利益而存在。所以政府就以公共资金资助成立特别的系统来实现对公益信托（或者慈善信托）的受托人提起诉讼。在英国，由慈善委员会起诉违反了信义义务的受托人。[2] 慈善机构被要求到慈善委员会进行登记，并提交年报和财务报告。慈善委员会可以对它们的业务进行调查。在某些情况下，慈善委员会甚至可以像法院一样行事，它甚至享有更换公益信托（或者慈善信托）的受托人和冻结它们的财产的主动介入的权力。

第三，关于受托人的要求。私益信托的受托人通常由委托人自行指定，或者由信托当事人协商确定。具有民事行为能力的自然人或者法人都可以成为受托人，法律一般对此并无特别限制。但是公益信托（或者慈善信托）不同。例如英国 1993 年慈善法规定，有下列情形之一的，不具备担任公益信托（或者慈善信托）受托人的资格：（1）曾

---

[1] 参见 Simon Gardner, *An Introduction to the Law of Trusts*, London: Oxford University Press, 2003, pp. 100 - 102。

[2] 也有由首席检察官来起诉，或者由某个人接受慈善委员会的授权提起诉讼。

经有任何涉及不诚实或欺骗的违法行为；（2）被宣告破产或者财产被扣押，尚未解除责任的；（3）与债权人达成和解协议或重新安排债务的协议，或者为债权人授予信托契据，尚未解除责任；（4）在管理慈善事务的过程中出现行为不当或管理不当，他对此负有责任或是当事人，或者他的行为导致或助长了这种错误，据此，慈善委员会或高等法院发布命令撤销他的受托人职务的；（5）根据《1986 年公司董事资格法》和《破产法》，无资格担任公司董事的人①。

第四，税收优惠。笼统说来，公益信托（或者慈善信托）无须缴纳所得税、营业税、资本收益税和印花税，在增值税方面还享受一些优惠。向公益信托（或者慈善信托）的捐赠也得以享受很大程度的税收优惠。

第五，为确保公益信托（或者慈善信托）为公共利益的特殊规则：禁止永续规则的豁免和近似原则的适用。信托是在财产上附加特定的信托目的，因此也被称为有目的的财产。但是这样一种方式无疑是对自由行使财产所有权的限制。因此，在法理上与私有所有权绝对主义存在一定的抵牾，所以在英美法中有"禁止永续规则"。但是对于公益信托（或者慈善信托）而言，其目的在于增进公共利益，所以应该允许其永久存续下去，而且有些公益目的，非长期无法达到。因此，禁止永续规则不适用于公益信托（或者慈善信托）。有意思的是，在美国，永久信托（perpetual trust）甚至已成为公益信托（或者慈善信托）之别名。

近似原则（cy-pres doctrine）则确立于 17 世纪初的英国。当时的衡平法院认为，公益信托（或者慈善信托）在设立后，如遇有社会变迁或法律变更，致使信托依原定目的执行发生不可能、不合适或违法的情事，法院可将该信托的信托财产转用于接近委托人原意的其他公

---

① 这些人包括：（1）年龄超过 70 岁的人，但公司章程另有规定的，从其规定；（2）年龄未满 18 岁的人；（3）未清偿债务的破产者；（4）曾经被取消董事资格的人。

益目的，避免该信托无效或消灭。但是这一原则不适用于私益信托。

在大陆法中，对于公益信托有别于私益信托之处，也有明确的分水岭。第一，信托目的不同。公益信托以公共利益为目的，私益信托以特定人的利益为目的。所以私益信托可以是自益信托，也可以是他益信托；而公益信托只能是他益信托。第二，信托的设立要件不同。公益信托的设立除了满足私益信托设立时应该满足的条件之外，还需要经公益目的事业主管机关的许可。例如台湾地区"信托法"第70条第一项就作了这样的规定。这一规定的目的在于确保公益信托不会被滥设，并确保受益人的权益。第三，监督机关不同。在我国台湾地区，私益信托（营业信托除外）由法院监督，公益信托则由目的事业主管机关监督。① 两者的区别不仅仅是监督主体不同，更在于：法院仅仅在有利害关系人或者检察官申请的情况下，被动地对私益信托进行监督或者其他行为；而目的事业主管机关对于公益信托可以随时主动地检查信托事务和财产状况。第四，内部组织的设立。对于私益信托，法律并无特别的限制，但是对于公益信托，法律一般要求内部组织应该包括受托人、信托监察人及咨询委员会等机构。第五，在受托人辞任方面也有不同规定。私益信托的受托人可以根据信托行为的规定，或者经委托人及受益人的同意辞任，或者在其有不得已之事由时，向法院申请许可其辞任。公益信托的受托人的辞任则受到限制，只有在有正当理由的情况下，向目的事业主管机关申请并获得许可的，才可以辞任。第六，在信托条款的变更上也存在差异。公益信托成立之后，发生信托行为当时不能预见的情形时，目的事业主管机关可以根据信托宗旨，变更信托条款。对于私益信托则没有类似规定。当然，也有国家有相反的规定，例如日本《信托法》第23条规定，信托行为当时不能预见的特别情事发生，致使信托财产的管理方法不适于或者不利于受益人时，委托人、其继承人、受益人或受托人可以向法院

---

① 　具体参见我国台湾地区"信托法"第16条第一项、第74条的规定。

申请变更信托条款。第七，类似原则的适用。当公益信托关系消灭，又不存在信托行为所定的信托财产归属权利人时，目的事业主管机关可以为类似目的，使信托关系存续，或者使信托财产转移至有类似目的的公益法人或者公益信托。私益信托则无此规定。第八，信托关系消灭时的处理。公益信托消灭时，受托人应于法定期限内将消灭的事由以及日期，向目的事业主管机关申报；并且受托人还应该就信托事务的处理做出结算和报告书，取得信托监察人的承认后，向目的事业主管机关申报。私益信托消灭的时候，受托人只需就信托事务的处理做出结算和报告书，并取得受益人、信托监察人及其他归属权利人的承认即可，无须向法院或者主管机关申报。① 第九，税法上的优惠，公益信托享有私益信托未能享受的税收优惠政策。对此内容将在本书进行专章论述，在此略过。

2. 公益信托（或者慈善信托）有别于私益信托的相关规定的缘由

分析上述区别，我们不难发现，公益信托（或者慈善信托）与私益信托的差别集中体现在这几个方面：第一，国家通过法律对公益信托（或者慈善信托）的控制和监督胜于私益信托；第二，国家也为公益信托（或者慈善信托）提供了一定的优惠措施，主要是税收优惠。究其原因，美国学者认为，所有这些特殊待遇都以政府的财政作为支撑，不管其明显与否。在私益信托中，禁止永续规则确保财产在一段时间之后会到一个绝对拥有的人手上，成为市场力量所能左右的财产。而在公益信托（或者慈善信托）中，信托财产至少部分地被从市场中撤离出来。这种撤离并不等同于完全隔绝：通常地，资金将被用来投资，同时收益会用于信托所确定的公益目的，例如学校或者医院。② 而且应该注意的是，与其他财产投资比较，公益信托（或者慈善信托）的信托财产在投资上应该特别注意防范风险。正因为如此，法律

---

① 参见我国台湾地区"信托法"第68条的规定。
② 有时会以现金的方式支付给人们，尤其是贫穷的人，但是效果极其有限，因为穷人只能将这些钱用在有限的用途上，例如生活必需品。

才对其做出区别对待。那么为什么公益信托（或者慈善信托）能够获得政府资金资助下的特殊待遇呢，例如税收优惠？这不能被解释为为了帮助达成信托设立人的目的，因为非公益信托也存在同样情况，而应该被解释为为了公共利益。换言之，正是公益目的使国家或者政府对公益信托（或者慈善信托）的支持具有了正当性。[①]

三　公益信托（或者慈善信托）的分类

根据不同的角度，公益信托可以有不同的分类。日本田中实先生对公益信托的分类如下。[②]

（一）维持基本财产的公益信托和动用基本财产的公益信托

此分类是根据是否动用信托财产的基本财产而作的分类。维持基本财产的公益信托是指在信托条款中规定只能动用公益信托的基本财产所生的孳息或利益从事公益活动，不得动用公益信托基本财产本身；动用基本财产的公益信托则指在信托条款中规定受托人可以在信托存续期间动用基本财产从事公益活动。各国法律一般对此并无强制性规定，一般允许动用公益信托基本财产。对动用基本财产的限制主要源于信托条款。两者的区别在于，前者适合信托财产规模较大的组织，可作为成立财团法人组织的替代模式，而后者适用于规模较小且不适宜成立财团法人的组织，并且委托人无意于让公益信托永久存续。

（二）单独出资的公益信托和共同出资的公益信托

这是根据公益信托的出资人是一个还是多个所作的分类。单独出

---

① 参见 Simon Gardner, *An Introduction to the Law of Trusts*, London：Oxford University Press，2003，pp. 110 – 116。

② 赖源河、王志诚：《现代信托法论》（增订三版），中国政法大学出版社，2002，第 205 ~ 207 页。

资的公益信托是指由特定的个人或者家族捐资成立，或者由单个的法人捐资成立的公益信托，例如美国的家庭基金会（family foundation）或私立基金会（private foundation）；共同出资的公益信托是指由社会大众共同捐资成立的公益信托，例如英国的国家信托（national trust）、美国的社区信托（community trust）或者日本的亚细亚信托。这种分类的法律意义在于：法律对这两类公益信托的规制宽严有所区别。对于前者，一般法律限制比较多，主要预防其挂公益之名行私益之实；而在税负问题上也会更偏向于后者。

（三）一般目的的公益信托和特定目的的公益信托

这主要根据信托的公益目的是否有特别限制而对美国公益信托（或者慈善信托）所作的分类。以一般公益目的为信托目的的是一般目的的公益信托；而以一项或者少数多项特定的公益目的为信托目的的，则为特定目的的公益信托。例如根据美国《统一信托法》第405条的规定，公益信托（或者慈善信托）可以有以下目的：救济贫困、促进教育、发展宗教、增进健康、政府或市政目的，或者促进社会福利的目的。这一规定重申了《信托法重述》（第二版）（1959年）第368条的规定和《信托法重述》（第三版）（2001年通过）第28条的规定中关于公益信托（或者慈善信托）目的的分类。而这些规定最终均源于1601年《慈善用益法》（也称为《伊丽莎白法典》）。① 值得注

---

① 美国《信托法重述》中的相关规定如下。第368条（慈善目的的种类）慈善目的包括下列各类：（a）救济贫穷；（b）促进教育；（c）发展宗教；（d）增进健康；（e）政府或者市政的目的；（f）有利于社会的其他目的。第369条（救济贫穷）以救济贫穷为目的的信托是慈善信托。第370条（促进教育）以促进教育为目的的信托是慈善信托。第371条（发展宗教）以发展宗教为目的的信托是慈善信托。第372条（增进健康）以增进健康为目的的信托是慈善信托。第373条（政府或市政的目的）信托以建立或维护公共建筑、桥梁、街道、高速公路、公园或其他公共设施或以其他政府或市政的目的为目的的，是慈善信托。第374条（促进社会福利的其他目的）若一项信托以促进给整个社会带来充分利益的目的为目的，而贡献财产永远实现该等福利的，属于慈善信托。

意的是，美国《统一信托法》起草者在解释这一条款时，认为经过几个世纪，尽管关于慈善信托的目的要求有法律规定，但是法院使那些对社会有利的目的都被认定为有效的做法已经被历史证明是正确的。所以起草者认为应该继续遵循这一点。①

这一分类的法律意义在于：对于需要经过目的事业主管机关许可设立公益信托的国家而言，公益目的范围越广，就意味着需要获得申请许可越不容易，而且如果公益目的过于抽象，就会导致公益性判断上的困难。当然这一问题也可以通过立法和司法解决，例如根据美国《统一信托法》第405条第二款的规定，某一一般性慈善目的的公益信托并不因为委托人没有指定特定的慈善目的或者接受财产的组织而无效，法院可以通过确定特定的慈善目的或者在适当范围内指定特定的接受人来使该公益信托（或者慈善信托）有效。② 这一规定是《统一信托法》第413条关于近似原则规定的必然结果。根据该法第413条的规定，某一信托并不因为没有规定某一一般性的慈善目的而无效。法院可以根据委托人可确定的意思范围将信托财产予以运用。但是起草者也认为第二款并不应用于以长期的不动产作为信托财产的、由受托人确定信托目的的公益信托（或者慈善信托）。在这种情况下，并不需要以司法介入确定特定目的的方法来使信托有效设立，而应该由受托人来确定相关条款。③ 只有在受托人没有确定的情况下，司法介入才成为必需。④

（四）事业经营型公益信托和奖助型公益信托

这一分类以受托人的给付内容为标准。事业经营型公益信托是指

---

① 参见 John H. Langbin and Lawrence W. Waggoner, *Uniform Trust and Estate Statutes*, 2005 - 2006 edition, Foundation Press, 2006, p. 385。

② 参见《信托法重述》（第二版）第397条。

③ 参见《信托法重述》（第二版）第396条。

④ 参见 John H. Langbin and Lawrence W. Waggoner, *Uniform Trust and Estate Statutes*, 2005 - 2006 edition, Foundation press, 2006, pp. 385 - 386。

自身直接从事经营公益事业的公益信托；奖助型公益信托则是以对受益人给付奖助金为内容的公益信托。这一分类的法律意义在于对受托人的要求不同：前者的受托人因为需要直接负责事业的经营，所以必须具备经营这一事务的特殊专业能力；后者因为其职责仅仅限于将信托受益分配给合乎信托条款所要求的受益人即可，比较容易执行。[①]

（五）美国法中的特殊分类

1. 美国税法中的第一种分类

美国法根据税法的要求，将公益信托（或者慈善信托）区分为私立基金会（private foundation）形式的公益信托和公共慈善机构（public charity）形式的公益信托。私立基金会在美国社会非常活跃，因为除了教堂、医院、博物馆、图书馆等传统公共基金会之外，几乎全部社会公益事业由私立基金会来推动。私立基金会是指以私人财富为公益目的所设立的通常永久存续的基金会，可以采用非营利法人或者信托方式。如果考虑到设立上的便利和管理上的经济，一般多采用信托方式。私立基金会形式的公益信托（或者慈善信托）若要取得美国国内税法所规定的免税资格，必须符合以下条件：第一，每年必须强制地分配净收入的5%；第二，禁止自我交易行为，即被禁止交易的人[②]不得与其进行任何交易行为；第三，限额持有商业利益规则，即禁止私立基金会与被禁止交易的人共同持有某一企业超过20%的股份；第四，禁止危险投资规则，即禁止私立基金会从事可能会使公益目的受到危害的投资，尤其是投机性投资；第五，非相关商业活动进行课税

---

① 值得指出的是，美国法对采取公益信托方式的私人基金会也有如此区分，而且其区分具有税法上的意义。即对于事业经营型公益信托，个人捐赠的财产最高可以使捐款人折抵50%的调整后所得；而奖助型公益信托仅为30%。参见 Mancuso, Anthony, *How to Form a Nonprofit Corporation——in all 50 states*, Firth Edition, Nolo Press, 1997, at 4.4。

② 这些人包括：主要的捐款人、受托人或者基金会职员，以及上述人员的家属、与其相关的法人或者合伙团体。

原则，即如果私立基金会从事与慈善目的无关的商业活动，则被视同一般商业公司予以课税①。

公共慈善机构形式的公益信托是指为服务整体社会大众的公益信托。判断一个组织是否为公共慈善机构，要依据以下标准。第一，是否为国内税法 501（a）（1）所列举的传统公共慈善机构，包括教堂、学校、医院、医疗研究机构、公共安全组织以及支持以上组织的机构。第二，是否属于大众支持的组织。根据国内税法 501（a）（2）的规定，上述组织之外的其他组织，如果其所接受的年度总捐款的三分之一由大众捐助，则属于大众支持的组织。第三，是否有事实证明其受到大众支持，根据国内税法 501（a）（3）和 501（a）（4）的规定，若该组织不符合上述两个标准，如果其年度总捐款中有十分之一来自大众支持，并且确实执行了具有持续性和对公众有足够吸引力的特别计划的，由国内税务局根据以下五种因素综合判断其是否为公共慈善组织：①大众支持比例；②支持的来源；③管理组织；④大众自该组织获得的利益；⑤该组织的成员与参与者。②

2. 美国税法中的第二种分类

美国税法中第二种分类：无保留权公益信托（outright charitable trust）和分离利益公益信托（split-interest charitable trust③，也称为混合信托，mixed trust）。

无保留权公益信托是指委托人对委托财产不保留任何利益的信托，也就是说该类公益信托一经成立，委托人对信托财产即丧失其所有权，在税法上适用一般赠与的规定。分离利益公益信托是指受益的对象除

---

① 这是因为非营利组织从事营利活动会对其他营利组织产生不公平竞争的问题，所以通过税收政策予以协调。参见 Gerry W. Beyer, Wills, *Trusts and Estates：Examples and Explanations*, second edition, Aspen Law Business New York, 2002, pp. 368 – 369。

② 参见 Warda, Mark, *How to Form a Nonprofit Corporation*, Sphinx Publishing, 2000, p. 11。

③ 参见 Gerry W. Beyer, Wills, *Trusts and Estates：Examples and Explanations*, second edition, Aspen Law Business New York, 2002, pp. 368 – 369。

了符合公益目的不特定的受益人之外，还包括非公益性的受益人。分离利益公益信托又可以分为以下两类：公益剩余信托（charitable remainder trust）[1] 和优先受益权公益信托（charitable lead trust）[2]。

（1）公益剩余信托

在一个公益剩余信托中，包含两个公益目的：其一，该信托受托人将运用信托资产所获取的利益（投资所得或者年金利息）支付给捐赠人或者捐赠人所指定的他人（例如其配偶、孩子等）；其二，受益人死亡时，信托剩余财产即归属于慈善组织。如果捐赠人希望通过此信托方式实现税收优惠，则必须以规定的方式设立信托账户。

（2）优先受益权公益信托

优先受益权公益信托是指公益受益人在一定期间内，就该信托财产的运用管理所产生的受益有优先受益权，并于受益届满或信托终止时，再将信托财产移交给委托人所指定的非公益受益人（委托人自己、配偶或者子女等）。

分离利益公益信托在税收优惠的享受上不如无保留权公益信托，但是分离利益公益信托可以使委托人兼顾公共利益和其私人利益，并在一定程度上享受税收优惠，在家庭理财方面发挥着很好的作用。

（六）日本税法中的分类

依照日本税法，公益信托可以分为一般公益信托、特定公益信托和认定特定公益信托。[3]

一般公益信托是指依照日本《信托法》规定成立的公益信托，其成立要件少，只要信托目的符合《信托法》规定的要件即可，即以祭

---

[1] Charitable remainder trust: where the settler or the settler's family retains the benefits until a specified time after the remainder passes to charity.

[2] Charitable lead trust means the charity obtains the benefit from the trust property for a set period of time after which they return to the settler or the settler's family.

[3] 参见黄国精《日本的公益信托与税务》，《财税研究》第 27 卷第 4 期，第 166 ~ 167 页。

祀、宗教、慈善、学术、技艺或其他公益为目的的信托。受托人既可以是法人，也可以是自然人。但是这类公益信托所能享受的税收优惠，也仅仅是信托财产的所得可以免除所得税。

特定公益信托是指根据日本昭和 62 年（1987）修正的法人税法规定成立的公益信托。根据规定，这类公益信托需要符合下列条件。第一，公益信托契约中应该载明以下事项：（1）信托终止时，信托财产不属于委托人；（2）信托终止时，信托财产归属于国家或地方公共团体或转移给其他类似公益目的的公益信托，使其存续；（3）信托契约不得解除，而且信托条款的变更需要经过目的事业主管机关的许可；（4）信托财产的种类仅限于金钱；（5）信托财产的运用对象以预先存储金（例如存款、储备金）、公债、公司债、放款信托、合同运用信托为限；（6）已经指定信托监察人；（7）受托人处分信托财产时，须先征询对该等财产具有学识经验的学者专家的意见；（8）支付信托监察人及专家学者的报酬不得超过达成该任务通常所需支付的金额。第二，受托人须为信托公司。第三，须取得目的事业主管机关部长（或有权限官员）所颁发的证明上述要件的证明书。

特定公益信托除了享受一般公益信托所能享受的税收优惠之外，如果其委托人为法人，该委托人可以从其应纳税额中扣除捐赠给公益信托的数额。

认定特定公益信托是指其特定公益信托的信托目的还需要符合法人税法以及该法实施细则规定的特定公益目的，以及经过认定具有相当活动实绩的信托。所需符合的条件如下。第一，公益目的的内容须符合以下要件：（1）对所从事科技方面实验研究人员的奖助；（2）对符合学校教育法第一条规定的学校教育给予的奖助；（3）对学生所给予的学费的资助或者贷款；（4）对从事有关艺术提升与普及事业（以给付奖学金为限）或从事有关文化财产保护法第二条第一项规定的文化财产的保存和运用事业给予的奖助（以给付资助金为限）；（5）对从事自然环境保护给予的奖助；（6）对推动国土绿化的活动给予的奖助

（以给付奖助金为限）；（7）对以社会福祉为目的的奖助；（8）对以促进与海外开发中国家经济合作（包括技术合作）为目的的资金援助；（9）对以保护自然生态、野生动（植）物为主要目的的法人或组织所为的奖助。第二，符合上述要件的公益信托，其公益目的尚需要符合相当的成果，并且经该特定公益信托主管机关的认可。认定特定公益信托除了享受特定公益信托所享受的税收优惠之外，当委托人为个人时，也可以从其应纳税额中扣除其捐赠给公益信托的金额。

【本章小结】公益信托还是慈善信托？

信托因为其制度设计上的弹性和灵活性，受到普遍的欢迎。尽管在当前这样一个市场经济极度发展的世界里，信托被大量地应用于商业领域，例如房地产投资信托、资产证券化、证券投资信托等。甚至大陆法系国家在继受信托制度时，所看重的也正是信托在商业领域内的神奇力量。但是追溯本源，我们发现信托制度的缘起并非出于商业的需要。在历史长河中，信托制度有其意味深长的一面。信托居然是规避法律的制度设计，甚至在漫长的发展历史中，屡次法令的颁布都意图堵塞住信托制度所寻找到的制度漏洞，但是这样的努力好像并不十分奏效。信托制度的演变所呈现的是人类智慧（或者狡猾）的一面。时至今日，信托作为允许当事人充分发挥想象力的管理财产的方式，依然被当事人用来作为规避法律规定的通道，例如合理避税。

公益信托（或者慈善信托）本身具有一定的道德光环。慷慨的委托人将自己的财产以信托方式分离出来，为特定的公益慈善目的服务。或许这无法在经济学上得到解释，但是依然可以得到解释。韦伯对社会行动类型分类的理论有助于我们去理解和解释。把人们以非营利方式参与社会活动的行为认定为符合价值理性的分析模型，即人们之所以参加这些活动，并不是由于对结果或者回馈的期望，而是由于"对于某些伦理的、美学的、宗教的或其他行为方式有意识的信念所决定的行动，并不取决于它的成功的前景"。就是有那么一些人，"这些人不管对他们来说可能有多大代价，都把对他们来说似乎由责任、荣誉、对美的追求、宗教的召唤、个人的忠诚或某种'原因'（不管它存在于哪里）的重要性所要求的信念付诸实施"。① 公益信托就是他们实现这些价值的途径之一。这是公益信托制度的旨趣所在。

对公益信托的界定是通过比较的方式来实现的。通过比较其与私益信托的不同，可以厘清在哪些细节问题上，公益信托需要有不同于私益信托的规则。这些规则不算太多且富有特色：公益信托中的目的确定，设立时的许可主义，适用于公益信托的特殊监督机制，公益信托中的近似原则，乃至公益信托的税收优惠，等等。

但是本章并没有完成对公益信托的明确界定，这一任务将留待本书的第二、三章来完成。这也是为什么在本章的术语使用上，我们不得不以"公益信托（或者慈善信托）"这样的表达方式来指称英美法中的"charitable trust"。但是第二章将采用"公益信托"的表述，是为了表明我国在《中华人民共和国慈善法》颁布实施之前，已经在立法中采用了"公益信托"这一术语，而第二章主要围绕着我国移植公益信托制度而展开。

① 参见〔德〕马克斯·韦伯《社会科学方法论》，杨富斌译，华夏出版社，1999，第59～62页。

第二章　公益信托与两大法系

——我国移植公益信托的障碍以及跨越

"穷则独善其身，达则兼善天下。"[1] 法律应该为慈善理念提供实现的形式和途径。公益信托在英美法国家被证明是民众从事慈善事业行之有效的途径。我国于 2001 年通过的《信托法》规定了公益信托的基本规则，包括公益信托的设立程序、公益事业的管理机构的权限和设置信托监察人的强制性要求等等。但是直至 2008 年 5 月，尚无成功实践个案。2005 年初，中融国投曾有意推出国内第一个公益信托"中华慈善公益信托计划"。[2] 但是这一计划最终未能得到实施。实践中也曾有另外一种模式的尝试，即云南国际信托投资有限公司分别于 2004年和 2006 年发行的"公益信托"产品——"爱心成就未来—稳健收益型"集合资金信托计划和"爱心稳健收益型集合资金信托计划"。[3] 但

---

① 《孟子·尽心篇》。

② 参见中融信托投资有限公司 2005 年年报。

③ 第一只信托计划"爱心成就未来—稳健收益型"集合资金信托计划第一年度实现收益率 3.72%，第二年度实现收益率 4.9114%，两年累计向云南省青少年发展基金会捐赠资金 208449.68 元，并分别在石屏县和大姚县修建了两所公益信托希望小学。第二只公益信托产品目前已面向云南省内发行，计划规模为 200 份信托合同，个人、机构、企事业单位、社会团体都可以购买。加入该计划的最低金额为 5 万元，并可按 1 万元的整数倍增加。该计划预期收益为 2.475%（银行一年期存款利率为 2.25%，税后 1.8%），投资收益超过 2.475%的部分将捐赠给云南省青少年发展基金会，用于修建信托希望小学，救助云南省内失学儿童，支持公益事业发展。资料来源：http://www.yn.xinhua-net.com/newscenter/2006 -04/20/content_6802075.htm，最后访问时间：2008 年 5 月 7 日。

是这一信托并非实质意义上的公益信托。它将社会公益事业与集合资金信托计划的投资理财功能相结合。购买这一产品的委托人首先是投资者，受益超过约定部分作为其捐赠部分。该信托中，委托人的首要目的在于投资和营利，只是附带了一个捐赠合同。所以应该认为它是附带捐赠合同的私益信托更为适宜。公益信托制度是信托制度的构成部分，滥觞于英美，近期逐渐为大陆法系所采纳。我国是否有必要和可能移植这一制度？本章试图厘清公益信托与其他非营利组织的关系，并审视这样一种具有浓厚的英美法色彩的法律制度在大陆法系国家被移植和应用的必要性、障碍和可能性。

一 公益信托的起源与发展

诚如上文所述，对于信托的起源问题存在争议。有学者认为信托最早为出现于罗马法时期的遗产信托。但是更多的学者倾向于赞同信托起源于中世纪的英国。根据梅特兰的观点，信托最早起源于 13 世纪的用益制度，[①] 并被公认为是英国法律制度中的伟大创造。他在其著作《衡平法》中说道："如果有人要问，英国人在法学领域取得的最伟大、最独特的成就是什么，那就是历经数百年发展起来的信托理念，我相信再没有比这更好的答案了。"[②] 作为一种具有强大弹性和普遍性的制度，信托的灵活性让人称羡。[③] 用益制度的起因则是当时法律禁

---

① 梅特兰认为，use 一词并非来自拉丁文中的 "usus"，而是源自拉丁文中的 "opus"。早在七八世纪，拉丁文中的 "ad opus" 就是 "on his behalf"（为他人的利益）的意思。参见 Frederic William Maitland, *Equity: A Course of Lecturend*, 2nd ed., Cambridge: the University Press, 1936, p. 24。

② 参见 Frederick W. Maitland, *Selected Essay*, Cambridge, 1936, p. 129。

③ 梅特兰甚至认为信托是英国法律人富有特色的创造的组成部分，几乎成为其文明的实质，因为其他任何外国法中都没有类似的制度。参见 Frederick W. Maitland, *Equity: A Course of Lectures*, 2nd ed., Cambridge: the University Press, 1936, p. 23。

止苦行僧圣方济会的修道士持有不动产的规定。[1] 为了规避这一禁止性规定，修道士就通过他人持有来使用不动产。[2] 这无疑是公益信托的雏形。由于早期《没收法》的实施，为宗教机构的利益而向某人转移财产的做法就变得普遍起来。事实上，这种做法非常普遍，以至于1391 年英国国会专门颁布一部新的《没收法》来制止这种将土地的用益授予宗教组织的做法。

公益用益成为用益制度中的一种特定类型却是 16 世纪宗教改革之后的事情。那时，亨利八世颁布的《用益法》禁止了以迷信为目的的用益，公益（或者慈善）这一术语才成为法律上明确界定的概念，被用来修饰一种特定类型的用益，以区别于迷信用益。自此公益用益才成为一种特定类型的用益，并且受到法律规则的调整。需要指出的是，15 世纪之前，用益制度并没有被普通法所认可。到亨利五世时期，衡平法院对用益制度（包括公益信托）实施管辖，其管辖权在亨利六世和爱德华四世期间得到全面确立。[3] 从那时起，设立公益信托日渐频繁。

可见，1601 年之前的英国，公益信托由衡平法院来认可和执行。到 16 世纪末 17 世纪初，慈善机构存在逐渐被滥用的趋势，1601 年《慈善用益法》颁布，明确规定了公益目的，以防止公益信托被滥用。该法明确规定公益信托的目的包括以下十项：老人、残疾人、疾病患者和贫民的救济；伤病士兵的救助；学校设备的维护；桥梁、港湾、道路、教会、堤防的维修；孤儿的教育和辅导；感化院的维护、救助；贫困女子婚姻的协助；创业青年以及弱者的协助；囚犯、战俘的救济与更生保护；贫民租税负担、出征费（安家费）的援助；等等。该法

---

[1] 苦行僧是不能拥有任何财产的，因为这会违背教义中的贫穷忠告（vows of poverty），在天主教修道制度中，"福音忠告"包含贫穷、忠诚和顺从的三重誓言。

[2] 参见 Frederic William Maitland, *Equity: A Course of Lectures*, 2nd ed., Cambridge: the University Press, 1936, p. 25。

[3] 参见 Edith L. Fisch, Doris Jonas Freed and Esther R. Schachter, *Charities and Charitable Foundations*, Lond Publications, 1974, p. 151。

所界定的"公益目的"含义日后成为公益信托实务和法院判决的根据。

19 世纪伊始，公益信托又被用来作为逃税的工具。这一现象促使公权力对公益信托的监管势在必行。1853 年，英国通过了《公益信托法》，并根据该法成立了慈善委员会作为专门的监督检查机关。第二次世界大战之后，英国国会于 1950 年成立了公益信托法制与运营委员会，专门起草公益法律，研究公益法律问题。英国现行慈善法对公益信托作出了一些重要规定，以期达到对其进行合理规制的目的。其中规定了慈善委员会为公益信托的监督机关，同时设立了公营公益受托保管人；明确规定了作为慈善组织的公益信托的登记制度和公益信托受托人的权利义务等问题。

在法律渊源上与英国一脉相承的美国对公益信托的态度可谓一波三折。① 美国为英国殖民地时期，殖民者把英国本土的普通法和制定法也带到这一新大陆上，其中包括关于公益信托的法律制度。② 独立战争结束后，美国摆脱英国殖民地地位而成为独立国家。国内民族主义抬头，对从英国来的法律制度舶来品在一定程度上予以抵制。有些州，诸如纽约、密歇根、明尼苏达、马里兰、弗吉尼亚等州的法院甚至把公益信托视为英国普通法的一部分，直接宣布其无效。所以 18 世纪后期到 19 世纪初期，公益信托在美国停滞不前。有学者分析，以下几个因素阻止了这一时期公益信托在美国的承认和执行。

第一，对英国《慈善用益法》的错误解释和废除。

Baptist 案件标志着《慈善用益法》在美国的废止。这主要由于美国最高法院对英国《慈善用益法》的错误理解。《慈善用益法》授予衡平法院法官通过特定委员会对公益信托进行调查并且对违反公益信

---

① 关于美国独立战争之后对公益信托的态度的变迁，请参见 Edith L. Fisch, Doris Jonas Freed and Esther R. Schachter, *Charities and Charitable Foundations*, Lond Publications, 1974, pp. 141 – 171。

② 参见 Fowler, *Law of Charitable Uses*, *Trusts and Donations in New York*, 1896, p. 43。

托目的的行为进行处理的权力。但是需要指出的是，早在《慈善用益法》出台之前，衡平法院法官就已经拥有对公益信托的管辖权。《慈善用益法》并没有创制出衡平法官对公益信托的管辖权，也没有扩张或者限制衡平法官原先享有的权力。但是由于这一法律所明确的"公益目的"含义，常常被衡平法院法官用来检测某一信托的目的是否为公益，所以就错误地认为衡平法官对公益信托的管辖源于此法。不幸的是，这一错误观点被最高法院在维持 *Trustee of the Philadelphia Baptist Association v. Hart's Executors* 一案的判决中采用。① 废止或者从未采纳《慈善用益法》的各州采纳了最高法院在这一案件中所阐发的理论，否认了公益信托的效力。尽管后来最高法院在 *Vidal v. Girard's Executors* 一案中重新审视了中世纪衡平法院对公益信托的管辖权，推翻了 Baptist 一案，但是为时已晚。在将近二十五年的时间内，弗吉尼亚、马里兰和哥伦比亚地区早已采纳了 Baptist 一案的原则，并且通过制定法将其固定下来。②

第二，对纽约州信托法的解释；纽约州信托法废除了所有未经该法明确规定的明示土地信托。尽管各种类型的明示信托在该法中得以规定，但是就土地的公益信托没有任何的涉及。这一法案后来为密歇根、明尼苏达和威斯康星所照搬。这四个州的法院都认为这一法案废除了除了法案中明确界定的信托之外的所有其他信托，其中包括公益信托。③

---

① 在这一案件中，最高法院被要求确认一弗吉尼亚州人向某一非法人社团设立的遗嘱的有效性，该人意图设立一个奖学金，为明确表示愿意做牧师的浸信会教年轻人的教育提供奖学金。这一遗嘱被认为是一个以非法人社团为受托人的公益信托。既然立遗嘱人死亡前三年，弗吉尼亚州废止了《慈善用益法》，这一遗赠就被认定是无效的。因为最高法院的结论认为：法院对公益信托的管辖只能来源于这一法律，衡平法无法实施这类信托。

② 当然这些州后来在 20 世纪通过制定法纠正了这一问题。

③ 参见 Edith L. Fisch，Doris Jonas Freed and Esther R. Schachter，*Charities and Charitable Foundations*，Lond Publications，1974，pp. 159 – 160。

　　第三，美国法院对衡平法院支持公益信托的权限存在疑问，以及对近似原则的性质存在错误理解。英国的衡平法院通过两种途径行使近似原则：一者，作为衡平法官对公益信托的管辖而实施司法意义上的近似原则；二者，衡平法官作为英国国王的代表实施特权意义上的近似原则。但是美国的法院没有意识到存在这两种不同的途径，错误地认为近似原则就是源于王室特权。毫无疑问，特权与美国的民主制度格格不入。出于对英国王权的反感和抵制，美国法院从整体上否定了近似原则。除此之外，对英国慈善组织的敌意也在一定程度上导致了这一结果。那个时期的美国民众认为英国的慈善组织在很长的历史时期内主张罪恶和滥用权利。[①]

　　19 世纪中期以后，反英思潮渐息，社会对公益信托的需求促使法院反思对公益信托的态度。最为著名的是 19 世纪末期纽约州的蒂尔登事件。塞缪尔·蒂尔登（Samuel Tilden）是一个大律师，他愿意为设立一座公共图书馆提供巨额遗产。但是上诉法庭认为他的遗嘱必须有确定的受益人才能被认为有效。怒潮般的民众的不满和抗议最终导致州议会不得不重新制定认可公益信托效力的法律，该法后被称为蒂尔登法（Tilden Act，1893）。时至今日，尽管各州对公益信托执行力的认定基于不同的法律，例如大多数州把英国的《慈善用益法》吸纳为州普通法的一部分，其他的州尽管也承认该法的效力，但是认为公益信托的可执行力是建立在维持公益信托的与生俱来的衡平权上；甚至在另外一些州，不承认这一法律的效力或者对这一法律的效力尚存在很大争议。[②] 但是不管怎样，当今美国所有的州都承认了公益信托。

[①]　参见 Edith L. Fisch, Doris Jonas Freed and Esther R. Schachter, *Charities and Charitable Foundations*, Lond Publications, 1974, p. 152。

[②]　参见 Edith L. Fisch, Doris Jonas Freed and Esther R. Schachter, *Charities and Charitable Foundations*, Lond Publications, 1974, pp. 153 - 154。

二　公益信托在当代美国：非营利组织之一种

当今美国从事公益活动有三种可供选择的组织形式：非营利法人、公益信托和非法人非营利社团。其中约有三分之一的公益活动是以公益信托的方式进行。尽管在美国税法中没有提及信托的形式，但是该法所规定的"基金"或者"基金会"中包含了信托形式。[①] 我们有必要来考察非营利法人、非法人非营利社团区别于公益信托的特点，并在此基础上梳理不同组织形式的考量因素。

（一）非营利法人

非营利法人是指不将其收益在成员中予以分配的法人。[②] 非营利法人可以开展一定形式的经营性业务而获得剩余收入，但是这些收入不能作为利润在成员之间进行分配。这一原则即"禁止分配原则"。非营利法人必须遵守"禁止分配原则"，不得向控制法人的人员分配利润，即剩余利润不在分配之列，所有的剩余收益都必须留在非营利组织内部，用于支持组织从事其章程所规定的活动。[③] 法人是具备主体资格的组织体，能够独立地享受权利，承担义务和责任。美国关于

---

① 这一点已经为美国的法院所确认，参见 *Fifth-Third Union Co. v. Commissioner*, 56 F. 2d 767 (6th Cir. 1932)；G. C. M. 15778, XIV－2 C. B. 118（1935）。

② 美国并不禁止非营利法人从事营利活动，但是把非营利法人所从事的营利活动分为两类：相关的营利活动与不相关的营利活动。前者是指与非营利法人的宗旨紧密联系的，例如一个艺术馆出售印有艺术图案的贺卡和纪念品，一个非营利大学出售教科书等活动；后者是与非营利法人的宗旨不相关联的，例如博物馆开设一家餐馆以攒取资金。从事相关的营利活动所获得的利润是不需要缴税的，但是若从事不相关的营利活动则需要纳税。美国有些州的法律规定，如果非营利法人从事营利行为所得，未将一定比例以上的所得用于该非营利法人成立的公益目的，该法人就不得享有税收优惠，以符合市场公平竞争原则。

③ 〔美〕亨利·汉斯曼：《企业所有权论》，于静译，中国政法大学出版社，2001，第332页。

非营利法人的制度规定一般由各州具体规定。但是由美国律师协会起草的美国非营利法人示范法,目前已为各州所采纳。非营利法人也成为美国非营利组织的最主要的组织形态。

(二) 非法人非营利社团

非法人非营利社团因其组织性而有别于自然人,因其不具备独立人格而有别于法人。因此在法律地位上,非法人非营利社团类似于个人合伙。非法人非营利社团可以有自己的名称,以自己的名义从事活动;可以设立自己的账号;可以在其成员内部以协议的名义约定有关事项,包括其活动原则、负责人、议事规则等等。但是,需要注意的是,根据美国普通法的相关规定,一个非法人非营利社团,不是独立的法律主体,它只是个体成员的集合。在许多方面,它和商业合伙具有共同的特征。这样的法律规则造成了不少难题。

首先,由于不承认非法人非营利社团的主体资格,所以其他人(包括自然人和法人)对非法人非营利社团的财产赠与变为无效。① 为了改变这一不合理的结果,有些法院将这种赠与行为解释为对非法人非营利社团的主管人员的授予,授予之后由主管持有土地,并代表社团成员进行管理。随后,有些州的立法机关提供了更为彻底的解决方案,允许在上述情况下把非法人非营利社团视为独立的法律主体。

其次,非法人非营利社团的诉讼资格也遭受到了质疑。由于非法人非营利社团不是独立的法律主体,因此在由非法人非营利社团提起的,或者针对非法人非营利社团的诉讼程序中,它的每个成员都必须作为原告或者被告参与诉讼。尽管可以适用共同诉讼来解决这一问题,但是,有些州的立法机关在其法规中制定了"起诉和被诉"条例,认可了非法人非营利社团的诉讼主体资格。

---

① 例如,在司法实践中就出现了这样的判例:向"萨默塞特社会俱乐部"(一个非法人非营利社团)赠送土地无效,因为在法律上不存在受让土地产权的主体。

最后，由于不是独立的法律主体，非法人非营利社团不能为侵权、违约和其他以非法人非营利社团名义进行的非法行为承担责任，而是由非法人非营利社团的成员来承担责任。在实践中，法院再次借鉴了合伙法的概念，认为非法人非营利社团的成员互为代理人，与合伙人互为代理人类似。作为彼此的代理人，非法人非营利社团的所有成员都要承担法律责任。后来法院在判例中认为，在大型的会员制非法人非营利社团里，有些成员对决策过程并无充分的控制权或参与权，因此，把他们认作其他成员的代理人是无理和不公正的。接着相关立法机关也采取了措施，十多年来许多州制定的法律中免除了部分符合条件的非法人非营利社团的主管、理事、成员和志愿者的单纯过失责任。另外，和法律责任相关的一个问题是，能否强制执行非法人非营利社团或者其成员的财产？如果非法人非营利社团只有部分成员要承担侵权或合同责任，那么，在划分有责成员和无责成员前，针对非法人非营利社团财产的判决就得不到执行。因为这些财产是由全体成员共同或按份所有的。有些成员没有责任，判决就不能针对他们。法院再次运用"连带债务人"、"共同财产"和"共同名义"等规则创造了实际可行的解决方法。有些立法机关也直接解决了这个问题，直接规定在上述情况下，非法人非营利社团被视为独立的法律主体，就像一个法人那样。

正是由于上述司法实践和立法的发展，1992 年美国《统一非法人非营利社团法》（UUNAA）① 从下述三个基础和重要的方面改革了普通法：非法人非营利社团取得、占有和转让财产（特别是不动产）的权限；其作为独立法律主体起诉和被诉的权限；其主管和成员的合同责任和侵权责任。意图通过其规定，使非法人非营利社团在一定条件

---

① 根据该法的有关解释，其适用对象不限于国内税收法典 501（c）（3）、（4）和（6）规定的非营利组织。即不存在排除任何非营利社团的原则性规定。因此，该法适用于非法人的关于慈善事业、教育、科学和文学的俱乐部、协会、商会、政治团体、合作社、教会、医院、共同管辖区协会、小区协会和其他非法人非营利社团。它们的成员可以是自然人、法人、其他法律主体或者这些法律主体的混合体。

下成为独立的法律主体。① 当然这并不是说，非法人非营利社团在任何情况下具有独立的法律主体资格。可以说，美国非法人非营利社团在“法案所表明的目的范围之内”被视为主体，并且被赋予了发起成员有限的责任。但是目前采纳此法的州尚属少数。

（三）选择从事公益事业的组织形式要考虑的因素

毫无疑问，当某个人或者组织意欲从事公益事业时，首先要决定的一个问题就是以何种形式来进行。非营利法人、非法人非营利社团抑或是公益信托？这里要考虑的因素可以划分为两大类。第一类是税收上的考虑，根据国内税法，享有税收优惠的组织形式以及需要满足的条件。第二类是非税收因素。主要包括：成立组织所需要花费的时间，设立人是否承担有限责任，资金来源、设立人的目的和意欲从事的公益活动类型。当然组织成立之后所具备的法律地位也是重要考虑因素：是否可以拥有财产，是否可以成为缔约主体，是否有起诉和应诉的资格，对第三人的责任如何承担，组织是否可以永久存续，解散的难易程度以及治理结构上的要求，等等。②

在税收因素的考量上，根据美国国内税收法典 501（c）（3）的规定，一个非营利组织若想要获得税收优惠，就必须采用法人、信托或者非法人社团的形式，不可以采取自然人或者合伙形式。既然采取法人、信托或者非法人社团形式从事公益事业都可以获得税收优惠，那么主要考量就在非税收因素上。

1. 选择非法人非营利社团组织形式的考量

很多小型非营利组织会选择非法人非营利社团的方式。③ 最常见

---

① 该法甚至规定，采纳该法的州的法院有权决定是否运用类推方法，从而使非法人非营利社团在该法规定的情形外也具有独立的法律主体资格。

② James J. Fisheman, Stephen Schwarz, *Nonprofit Organizations: Cases and Materials*, The Foundation Press, 2000, p. 60.

③ 但是这一点并不绝对。有些大型组织也采取了这一方式，例如美国律师协会至今还是非法人非营利社团。

的是一些劳工组织和政治组织。而且一些处于设立非营利法人过程中的组织也会考虑先选择非法人非营利社团方式。这种组织形式还非常适合前景并不明朗、存续期间较短以及设立人对活动或者项目的成就并不在意的非营利组织。

目前法律对这一组织形式没有过多的要求。因为在美国，法院最初借用合伙的概念，认为非法人非营利社团的成员是该社团事业的共有人，如合伙人是合伙事业的共有人一样，对社团事业负有个人责任。当两人或两人以上以营利为目的成为某一事业的共同所有人时，合伙就成立了。可见合伙的成立不需要向政府或有关机关提交任何文件，更无须登记。非法人非营利社团与合伙类似，也无须登记成立。所以，非法人非营利社团的优势在于其非正式和灵活性。与非营利法人不同的是，这种组织形式无须任何的政府许可就能成立或者解散。如果它们不寻求税收优惠的话，甚至都不需要章程和章程细则。①

但是，非法人非营利社团的组织形式弊大于利。尽管 1992 年的《统一非法人非营利社团法》由统一法律委员会通过，但是并没有被广泛采纳。该法第 6 条规定的社团成员的有限责任也很少被得到遵循，更多的法院倾向于适用代理法的规定来处理其中的法律关系。所以社团成员还是很可能承担个人责任的。而且社团不能以自己的名义接受或者持有财产；当社团解散时，如果社团章程没有相反规定，社团成员就可以按比例地分得财产。而且由于非法人非营利社团并不是一个独立法人，所以当社团被起诉时，社团成员也得前去应诉。② 最为重要的不利之处在于，银行等金融机构、债权人和其他市场主体，由于更熟悉与法人打交道，所以不太愿意与非法人非营利社团进行交易

---

① 因为根据美国联邦税务局的解释，一个自然人或者松散的集合，如果没有组织机构、治理规则和经常性选择产生的职员，就不能成为国内税法 501（c）（3）规定下的免税主体。

② 当然这一点并不是主要原因，因为大多数州在起诉和应诉资格上已经认可非法人社团具有这样的资格。

活动。

2. 选择非营利法人组织形式的考量

在美国，以法人形式从事公益事业的优点在于关于非营利法人的制度构建可以在很大程度上参照营利法人的模式。[①] 正如同有学者所表述的那样，"以公司形式建立慈善组织之所以流行，在很大程度上归因于这种法律组织形式在美国商业活动中的流行以及慈善组织的设立者对公司运行模式的熟悉。公司之所以在这个国家里大行其道，因为其提供了这样一种途径：从投资者手中集中大量的资金，而将他们的所有权与管理责任和组织的债务相分离"[②]。

当然，与非法人非营利社团和公益信托相比较，非营利法人的成立和解散更为正式和规范，法律对此规定得比较详尽。成立一个非营利法人，首先必须获得政府的批准。法律明确授权法人可以随时修改章程，增加或者变更法律要求或者允许的事项，或者删除法律不要求的事项，但是需要经过特定的程序。而且非营利法人可以自己接受和拥有财产，以自己的名义起诉和应诉。其在治理结构上也更为规范。[③]还有，其董事会成员只承担有限责任，董事所应承担的注意义务的标准稍低于公益信托的受托人。

[①] James J. Fisheman, Stephen Schwarz, *Nonprofit Organizations: Cases and Materials*, The Foundation Press, 2000, p. 64.

[②] See Marion R. Fremont-Smith, *Governing Nonprofit Organizations: Federal and State Law and Regulation*, The Belknap Press of Harvard University Press, 2004, pp. 149 – 150.

[③] 美国非营利法人的治理结构是由成员大会、董事会和高层经营人员（首席执行官）组成的执行管理机构和独立会计师等三部分组成。成员大会是非营利法人的最高权力机构，董事会是公司的法定代表机关和最高决策机关。内部没有设立监事会，但是由法人聘请由独立会计师组成的审计事务所来承担审计监督职能。也就是说，对管理层进行约束和监督在很大程度上并不是由所有人来完成的，而是借助于其他制度和因素。即依靠大量的制度：严格的会计准则、全面的强制披露制度、禁止内幕交易制度、鼓励派生诉讼的程序规则以及发达的新闻监督制度等等。为了弥补这些制度在组织上存在的缺陷，独立董事也因此被提出来。参见金锦萍《非营利法人治理结构研究》，北京大学出版社，2005。

3. 选择公益信托形式的考量

首先，公益信托具有风险分割和资产保护功能。信托将信托财产的所有权分割为名义上的所有权和实质上的所有权。但是其独立于委托人、受托人和受益人的固有财产，由受托人管理信托财产，并根据信托条款的规定将受益转移给符合资格的受益人，这些是非法人非营利社团所无法比拟的。

与非营利法人相比较，公益信托在结构上更为简单和具有灵活性，内部管理也更为简单，不需要经常性职员，存续期间也比较灵活（可以永久存续，也可以约定期间），总体而言，采用公益信托更为经济。例如在成立上，只要信托财产移转，信托即可成立，不需要政府部门的许可。公益信托的成立要件与私益信托如出一辙，只是不需要满足"确定的受益人"这一条。当然委托人需要明确公益目的。

4. 小结

综上所述，非法人非营利社团、公益信托和非营利法人都具备各自的优势和劣势。这三类组织形式的差异可以以表格的形式来体现（表 2.1）。

表 2.1　美国非营利组织三种组织形式比较

项目	非法人非营利社团	非营利法人	公益信托
集合体还是实体	不被视为独立的主体，常常被视为个人的集合体	是独立法人	不是一个独立的主体，而是"权利义务束"
能够适用的法律原则和模型	常常适用代理法的有关规定，也借用合伙法	适用关于法人的法律和关于非营利法人的特别法律	适用信托法的相关规定
组织的形式要求	没有什么特殊要求，即使社团的文件	要求进行登记；要求提交年报；必须有公司章程和章程细则；还要求有会议制度	设立公益信托很少被要求进行登记。不过一般有信托文件来规定信托目的、受托人的权利义务等

续表

项目		非法人非营利社团	非营利法人	公益信托
持有财产的能力		没有以自己名义持有财产的能力	有以自己的名义享有财产的能力；法人终止时，应当根据法律和章程规定来处理剩余财产	受托人拥有名义上的财产所有权，受益人享有实质上的所有权
缔约能力		无缔约能力	有以自己的名义缔约的能力	在经营信托过程中，受托人常常可以因明示或者暗示的授权而具有缔约能力
起诉和应诉能力		社团起诉或者应诉时，其成员作为共同当事人	有起诉和应诉的能力	信托不是一个实体，所以不能起诉或者应诉，应该由受托人起诉或者应诉
存在的持续性		取决于其成员的存续	除非章程另有规定，非营利法人可以永续存在	不受禁止永续规则的限制；公益信托可以永续存在，也可以因为符合信托条款的规定、信托目的实现或者失败而终止
管理		决策由社团成员会议作出；管理人员与一般成员界限模糊	管理方面与营利公司非常相似，常设有董事会以及经理	由受托人根据法律和信托条款的规定进行管理
对第三人的责任	合同责任	社团的所有成员有可能承担连带责任	无论是合同责任还是侵权责任，非营利法人都以自己的名义承担责任。特殊情况下，董事以及经营人承担个人责任的，也可以依照规定享受豁免或者购买责任保险	经营公益信托期间与第三人签订的合同，由受托人承担责任
	侵权责任	社团成员承担连带责任		在任职期间，受托人应该就自己及其代理人对他人造成的损害承担责任

经过上述比较，我们不难发现，首先，鉴于非法人非营利社团不具有风险分割功能，即其成员有可能要就非法人非营利社团的责任承

担个人责任，所以除非该类组织不会导致重大责任或者有足够的责任保险来分散风险，一般不推荐采取这一方式。尽管这一形式成立简单，运营经济，但是考虑到其成员的连带责任和组织管理的模糊松散，明显弊大于利。正如前文所述，一般也仅仅适用于刚刚成立还在进行登记程序的非营利组织，或者规模小、存续期间不确定且前景不明朗的非营利组织。其次，公益信托有确定的经营主体（受托人）、明确的法律规定以及成立和终止在管理上的便利等特征。但是，也存在让受托人承担个人责任的风险。而且这一方式不是很适合设立人想发挥关键作用的场合。最后，非营利法人无疑具备完全的行为能力，其成员也免予个人责任之虞。但是其烦琐的成立程序和昂贵的运营成本也让不少人望而却步。① 总之，很难笼统地去说某一种组织形式优于另一种组织形式，只能根据意欲从事公益事业的当事人自身的特殊情况来选择适合的组织形式。也正因为如此，公益信托目前与非营利法人、非法人非营利社团等成为美国民众从事公益事业活动的可选择的三种组织形式。

三　移植公益信托制度的理论困境与克服

大陆法系国家引入公益信托制度在理论上的主要障碍在于：其一，公益信托中的信托财产的归属问题应该如何确定；其二，受益人权利的性质究竟如何界定。

（一）公益信托的信托财产归属

传统的大陆民法体系很难接受英美法中的"双重所有权"概念。于是在信托财产所有权的归属上，有五种截然不同的观点：受托人享

---

① Harry G. Henn and Michael George Pfeifer, "Nonprofit Groups: Factors Influencing Choice of Form", *Wake Forest Law Review*, 11 (2).

有信托财产所有权①、受益人享有信托财产所有权②、委托人享有信托财产所有权③、附条件享有所有权④以及信托财产作为法律主体享有所有权⑤。这些观点的争论都是从大陆法系的缘由体系出发，试图在现有的框架内寻求对信托财产所有权的合理解释。每一种观点都有其一定的合理性，却也掩饰不住其无法自圆其说的一面。以受托人享有信托财产所有权为例，委托人和受益人无法实现对其的监督；再者，如将所有权赋予受益人，那么势必会导致其对受托人的经营管理活动造

---

① 这种观点为日本、韩国和中国台湾的"信托法"所采纳。主要强调在信托存续期间，信托财产所有权归受托人所有，受益人享有受益权。通过对受托人所有权的限制实现对受益人权益的保护。例如日本《信托法》第 1 条规定："本法所称信托，是指将财产权转移或处分，使他人依一定目的管理或处分其财产。"韩国《信托法》第 1 条规定：本法中的信托，是指以信托人与受托人之间的特别信任关系为基础，信托人将特定财产转移给受托人，或经过其他手续，请受托人为受益人的利益或特定目的，管理或处理其财产的法律关系。台湾"信托法"第 1 条规定：称信托者，谓委托人将财产权移转或为其他处分，使受托人依信托本旨，为受益人之利益或其他目的，管理或处分信托财产之关系。

② 这种观点主要为一些德国学者所主张，认为信托财产的所有权为受益人所有，受益人以所有权人的身份享有利益。受托人在此仅仅是代理人，享有代理权限。信托财产形式上归属于受托人，但是实质上并非如此，信托方式是受托人隐藏代理关系的一种手段。参见何孝元《信托法之研究》，《中兴法学》1987 年第 1 期，第 16 页。

③ 例如我国《信托法》的规定。

④ 此也为德国学者所主张，认为信托实质上是一种附解除条件的法律行为，信托财产归受托人所有，但是附有解除条件，该解除条件就是指导致信托终止的种种事由。条件成立时，信托财产所有权归受益人。参见周小明《信托制度比较法研究》，法律出版社，1996，第 34 页。

⑤ 这种主张为部分日本学者所持有，认为信托的产生实现了财产从委托人向受托人的转移，但是信托财产在本质上又不属于受托人。信托财产独立于委托人，也独立于受托人，信托自身成为财产所有人。受托人对信托财产所享有的只是一种财产管理权。加拿大魁北克省就采取了这一方式，将信托财产视为独立财产。《魁北克民法典》第 1260 条规定："信托产生于信托人的设立行为，依此行为，信托人从其财团中移转一定的资产于他设立的另一财团，他将此等资产用于特定目的，受托人以其接受行为保有并管理此等财产。"第 1261 条规定："信托财团由移转于信托的财产组成，构成具有信托目的的、独立的并与信托人、受托人或受益人的财产相区分的财产，上述人对此等财产不享有任何物权。"参见《魁北克民法典》，孙建江、郭站红、朱亚芬译，中国人民大学出版社，2005，第 160 页。

成过多的干扰，而且使受托人的外观上完全的权限受到质疑。有意思的是，这种在立法或者学理解释上的不同并没有导致各国在构建相关具体法律制度时的大相径庭。因为无论采用哪一种主张，在确定信托财产的归属之后，通过相关的配套制度设计出一系列完备规范，都可以达到其目的，正可谓殊途同归。可见，大陆法系国家在移植英美信托制度时既要让其继续发挥信托的独特功能，同时得考虑在本国早已成型的法律体系中如何妥善安置信托制度，的确颇费周折。从日韩两国的立法实践来看，它们的努力主要在于：其一，仍然依照传统大陆法的物权—债权的两分模式来构造信托财产，受托人享有所有权，同时受益人享有受益权，前者是物权性质，后者的性质则偏向债权（例如，受益人原则上只能向受托人行使权利；受托人违反信托义务时，受益人也仅仅享有撤销处分的权利）；其二，将信托法作为民法特别法，在基本上认可受托人享有所有权的情况下，对信托财产之上的权利义务进行构建，以排除民法中关于物权债权规则在信托财产上的适用。主要通过对受托人进行受益权剥离和信赖义务规制的双重制约，限制其所有权；同时对受益人赋予某些物权性质的权利，例如受托人破产时的别除权、受益人的监督权、受益人在信托终止后信托文件无明确规定时的信托财产的归属权等，以扩张受益人的"债权"。

在我国立法中，关于信托财产的归属规定得比较模糊。《信托法》第2条定义信托时，使用了委托人"将其财产权委托给受托人"这样的表述，这就使得信托财产的法律性质难以明确。专家学者认为应该将此条理解为信托财产的所有权依然为委托人所享有。① 更有学者认为这一模式"揭示了信托成立的基础——委托人基于信任将自己的财

---

① 例如江平教授认为："这次信托立法里做了一个非常大的修正，与世界各国不一样的是没有明确规定财产的所有权或财产权属于受托人，……可以看到这一特征告诉我们必须同时兼顾两方面的利益，一是受托人对于财产应该享有完全分配的权利；另外一方面又要考虑到受益人对于这部分信托财产本身所获得利益的保障，而单纯地强调某一方面都不符合信托法的原则。"江平：《论信托法的基本原则》，《市场报》2001年5月24日。

产委托受托人管理、处分，同时又避免了信托财产所有权的归属问题，克服了财产权转移模式的缺陷，体现了很高的立法艺术，具有一定的科学性"[1]。但是也有学者持相反观点，认为这一做法存在明显缺陷，不仅不可能为遗嘱信托情形下信托财产所有权的归属提供法律依据，而且没有也不可能为受托人处理信托财产提供处分依据。[2] 除此之外，也有学者提出公益信托是"公共产权"或者"公益产权"的观点。[3] 学者提出这一主张的目的不外乎考虑到公益信托作为非营利组织，其产权不属于任何组织或者个人，公益信托只是作为受托人来行使公益资产的所有权。而且当公益信托消灭的时候，其剩余财产一般不是在其成员中进行分配，而是移交给类似的公共部门。

笔者认为，信托财产无论在性质上如何认定，都应该肯定其独立性，即信托财产独立于委托人、受托人及受益人等当事人的其他财产或者固有财产。而这一独立财产又具有一定的目的，于公益信托而言，就是一定的公益目的。信托财产一旦从委托人财产中分离出来，那么在其之上就实现了权、利的分离：受托人对于信托财产享有占有、使用、处分等权能，而受益人对信托财产享有信托利益。所以笔者认为，对于信托财产，笼统地去界定其归属意义并不大，而应该在肯定权、利分离的基础上构建具体的规则。可以说信托是一种财产管理的特殊构造。

（二）公益信托受益人权利的界定

在信托构造上，由于信托财产的权利和利益处于分离状态，大陆

---

[1]　伍坚：《海峡两岸信托法制之比较研究》，《台湾法研究学刊》2002 年第 2 期，第 17 页。

[2]　参见周小明《信托制度比较法研究》，法律出版社，1996，第 13 页。持同样观点的学者还有张淳教授，参见其论文《〈中华人民共和国信托法〉中的创造性规定及其评析》，《法律科学（西北政法大学学报）》2002 年第 2 期。

[3]　例如王名教授就将非营利组织的资产界定为"公益或互益资产"，属于社会。他在这里并非指非营利组织实行的是"社会所有制"。这里的社会是一种虚拟的范畴，可以说是一种假定。参见王名编《非营利组织管理概论》，中国人民大学出版社，2002，第 3 页；赖源河、王志诚《现代信托法论》（增订三版），中国政法大学出版社，2002。

法系对于受益人权利的性质认定也有众多争议，归纳起来大致有"债权说"①、"兼具物权和债权性质说"②、"所有权权能说"③ 和 "独立权利说"④。另有台湾学者认为，受益权是类似于以信托财产为担保的法定留置权或准物权，是信托制度赋予受益人的权利，他人不得予以否认，在性质上类似于海商法中的船舶优先权，可以行使物权的追及权以及撤销权，如经过登记公示，即足以保护第三人利益。⑤

笔者认为，对于受益权性质的认定还是得回到信托制度的功能及基本构造上来。信托制度赋予受托人以极大的管理权限，同时也得保障受益人的受益权。所以各国信托法对于受益人一般赋予以下权限：受益人有权促使受托人忠实地处理信托事务，管理信托和分配信托利益；受益人可以采取适当措施，制止受托人违反其义务，并请求受托人负担民事责任；受益人还享有知情权。但是受益人一般不得参与信托事务的具体决策。根据我国《信托法》的相关规定，受益人所享有的权利包括以下内容。其一，在信托存续期间，享受信托财产收益的权利。这是受益人最主要的权利。其二，在信托终止时，除非信托文件另有规定，享有剩余信托财产。根据《信托法》第 54 条规定，信托终止的，信托财产归属于信托文件规定的人，信托文件未规定的，信托财产首先属于受益人。其三，监督受托人管理、处分信托财产的

---

① 该学说认为，在信托关系中，受托人对信托财产享有所有权，而受益人仅仅对受托人享有取得信托收益的债的请求权。
② 该学说认为，受益权兼具债权和物权的双重性质，受益人对受托人享有取得信托收益的债的请求权，同时受益人还享有撤销受托人违反信托目的和违背管理职责的处分信托财产的行为并向第三人追索财产的权利，这一权利无疑具有物权特征。
③ 该学说主张信托财产的所有权由受益人享有，所以受益权是受益人以所有权人身份所享有的权利；受托人则是代理受益人对信托财产进行经营管理而已。
④ 该学说认为，信托关系无法纳入大陆法系传统的财产权概念体系之中，受益权不仅具有物权性质，还具有债权性质，甚至具有一些不能为物权和债权概念所包含的内容，例如受益人对信托事务的监督权、知情权等。所以认为受益人的受益权是一种特殊的民事权利。
⑤ 参见何孝元《信托法之研究》，《中兴法学》1987 年第 1 期，第 17 页。

权利，主要包括：（1）知情权，有权了解信托财产的管理运用、处分及收支情况，并有权要求受托人作出说明，有权查阅、抄录或者复制与信托财产有关的形态账目以及处理信托事务的其他文件；（2）特殊情况下要求受托人调整信托财产管理方法的权利；（3）在适当情形下，请求撤销受托人处分行为的权利；（4）在特定情况下解任受托人的权利；（5）共同受托人意见不一致，信托文件未有明确规定时，有决定的权利；（6）对非法强制执行信托财产的异议权；（7）对信托报酬及其增减的同意权；（8）对受托人辞任的同意权；（9）新受托人的委任权；（10）放弃信托利益的权利；（11）转让及其继承人继承受益权的权利。笔者认为机械地把受益权硬塞到大陆法系关于物权和债权的两个框架中去有"削足适履"的嫌疑。我们可以发现的是，受益权有债权的特征，但是兼具物权的对世效力。从这一意义上而言，笔者倾向于将受益权视为一种特殊的权利。

其至对于公益信托究竟是否存在受益人也有争论。例如日本通说就认为，公益信托是以一般的社会利益为日的，那么一般社会不能成为权利义务的主体，也就无法成为受益人。他们甚至认为公益信托中的信托利益获得者不是受益人，只是受给人，其不具备私益信托中受益人的法律地位。[①] 笔者则认为，公益信托的受益人一旦特定化，将应该具有与私益信托受益人同等的权利。

四　公益信托与财团法人

在大陆法中有财团法人制度，其是享有独立法人人格的目的财产制度。公益信托与其在功能上有重合之处，所以有必要来分析具备了财团法人的国家是否就无须引入公益信托制度。

---

① 参见〔日〕四宫和夫《信托法》，有斐阁，1989，第308页，转引自郑策允《公益信托法律制度之研究》，硕士学位论文，辅仁大学法律研究所，1999，第90~91页。

（一）财团法人及其历史渊源

财团法人是以供一定目的的独立财产为中心而备有组织的法人。[①]罗马法中并不存在现代意义上的"法人"，但是具备了基本内容和形态。"财团"（universitas）原意出自"概括承受"的全部权利和义务。罗马的财团主要包括：寺院、慈善团体和待继承的遗产。其中慈善团体（piae causae）是罗马帝政初年设立的，皇帝设立财团，救济贫困孤儿，费用由国家承担，视为国家财产的一部分，享有人格，为世俗最初的财团法人。[②]至5世纪，凡是以慈善事业为目的而捐助财产的，该财产即可取得人格，具有负担义务取得权利的能力。[③]这类慈善团体的设立目的从查士丁尼皇帝的言语中可见端倪："当以笼统的方式将穷人设立为继承人时，一律由城市贫民救济院获得遗产，并由救济院的领导按照我们为战俘作的那些规定在病人中进行分配；或者发给年收入，或者变卖可动物或动物，以便购买不动物并每年向病人提供膳食。实际上，难道还有人比那些受贫困煎熬、生活在救济院并且因自身疾病而不能获得必要的膳食的人更穷吗？"[④]

慈善团体的范围除了孤儿院、救济院外，老年院、免费医院等也属于此类。

建立在绝对个人主义思想基础之上的《法国民法典》对团体采取了敌视的态度，团体被认为是侵害个人的意思自由的存在。因此在《法国民法典》中有意地忽略了团体，也没有法人的概念，财团也就无从谈起。《德国民法典》在首创了法人概念之后也确立了财团法人制度。此

---

① 史尚宽：《民法总论》，中国政法大学出版社，2000，第230页。

② 周枏：《罗马法原论》（上册），商务印书馆，1994，第270~271页。

③ 但也有学者认为这类慈善团体是基督教的产物，在其起源之初，只以慈善和怜悯为目的，主要表现为养育院、医院、孤儿院向教会和宗教活动的遗赠。参见〔意〕彼得罗·彭梵េ 《罗马法教科书》，黄风译，中国政法大学出版社，1992，第54页。

④ 〔意〕桑得罗·斯奇巴尼选编《民法大全选译 人法》，黄风译，中国政法大学出版社，1995，第109页。

后各大陆法系国家在其民法典中也逐渐借鉴德国的立法模式采取了社团法人和财团法人的两分法。民法上的法人，根据其设立的基础不同而区分为财团法人和社团法人。社团法人是结合社员的组织，组织本身与组成人员（社员）明确分离，团体与社员都保持其主体的独立性。机关的行为就是团体的行为。社员通过总会参与团体意思的形成，并且监督机关的行为。团体的财产及负债均归属于团体，社员除应分担的出资外，不负任何责任。① 财团法人则是集合财产的组织，为达成一定的目的而管理运用财产。财团的捐助章程所揭示的目的就是该财团法人的目的，财团法人之机关（理事或理事会），仅仅根据管理目的忠实管理财产，从而维护不特定人的利益并确保受益人的权益。现代意义上的财团法人是实现捐助人意愿的最为有效的法律形式。捐助人通过捐助行为使其捐助的财产成为独立的法律主体，可以永远存续下去，管理上也具有独立性，辅助以国家的监督和法律的制约，可谓理想的模式。②

（二）财团法人与公益信托的比较

大陆法中的财团法人制度和英美法中的公益信托制度都是为公益目的而设立，但是在法律结构上存在不同。

第一，设立方式不同，财团法人是以法人的方式设立，而公益信托是以信托方式设立。财团法人本身因捐助行为而设立，是具有权利能力和行为能力的主体，对所捐赠的财产享有所有权；而公益信托并没有像财团法人那般创设了新的权利主体，而是由受托人和受益人分别对信托财产享有"普通法上的所有权"和"衡平法上的所有权"。公益信托的信托财产的所有人（权利人）是受托人，而在财团法人的

---

① 社员与社团之间人格的独立性问题早在罗马法期间就已经为学者所认识，尽管当时并没有法人这个概念，例如罗马五大法学家之一乌尔披亚努斯就说过，在一个团体里，其成员的变更并不影响团体的存在，因为团体的债务并不是其各个成员的债务，团体的权利也不是其各个成员的权利。参见周枏《罗马法原论》（上册），商务印书馆，1994，第269页。
② 参见江平主编《法人制度论》，中国政法大学出版社，1994，第49页。

情形下，其财产权的权利人为法人本身。

第二，法律地位不同。公益信托欠缺独立的法人人格。美国法将公益信托视为非营利组织的一种，有别于非营利法人和非法人非营利社团。但是在日本、韩国和中国台湾等国家和地区，公益信托并不具备独立的主体资格。尽管在这种立法例下，也承认公益财产的独立性，但是这种公益财产的独立性，是指公益财产独立于受托人、委托人和受益人的财产，而后借助受托人的主体资格，由拥有主体资格的受托人根据信托目的营运信托财产。相反，民法上的财团法人与自然人同具有"人格"，在法律规定的范围之内，具有独立地享受权利、负担义务的能力。

第三，与财团法人相比，公益信托更具有弹性、更为灵活简便：（1）成立方式简便，无须受财团法人资格的限制；（2）就设立程序与费用而言，设立公益信托无须设立专职人员以及固定事务所，可以节省营运费用；（3）不受捐赠规模与存续期间的限制，使信托财产可以尽可能地用于公益目的；①（4）财团法人为确保其永续性，通常有最低财产额的限制，而且原则上不得处分其基本财产，成立后不得任意解散；而公益信托的成立比较有弹性，可以动用信托财产的本金，还可以设立小额公益信托，或者根据公益信托条款约定信托存续期间，因此比较适合阶段性工作。

第四，内部治理结构不同。财团法人须设立董事会或理事会为执行事务的机关，并且有专门的决策程序的规定。财团法人的董事或其他有代表权之人，在权限范围内所为行为的法律效果，都直接归属于法人；而法人对于上述之人因执行职务对他人造成的损害，也应与该行为人负连带赔偿责任。公益信托一般无专门机构，只是规定受托人的信赖义务。受托人在信赖义务之下，有忠实管理、分别管理、亲自管理等义务。所以在治理结构问题上，如果财团法人还可以通过内部

---

① 参见赖源和、王志诚《现代公益法论》，台北：五南图书出版公司，1996，第175~176页。

的制度规范来进行自我治理的话（当然与社团法人相比，这种内部制衡并不完善），那么公益信托则除了对受托人的义务进行规定外，更多的是来自外部的监督，例如公益事业主管机关的监督。

第五，所适用的对象不同。鉴于以上特点，公益信托适合执行单纯的任务或者提供财务辅助；而财团法人比较适合直接从事经营类的活动，例如美术馆、图书馆、博物馆、学校或医院等；而提供奖学金、科研开发费用等公益事务，可以考虑采用公益信托方式。正如一研究报告指出："一般而言，财团法人之组织较为严密，营运较为独立，且能克服自然人生命之有限，又能集合众人之智慧与能力，故规模较大且须永续经营之公益事业，以利用财团法人制度较为适宜；反之，资产规模较小，不容易维持独立事务所与专任职员费用，仅由既存之受托人执行事务，即能达成设立之目的者，则以成立公益信托为佳。在外国实务上，捐助金额较少，或捐助人本身无意参与公益事务执行者，多选择设立公益信托。"[1]

我们可以同时存在公益信托和财团法人制度的我国台湾地区的法规为例，来细微地分析两种制度之间的差异所在（表2.2）。

表2.2　财团法人与公益信托对照

项目	财团法人	公益信托
法规渊源	"民法"	"信托法"
权利主体	为具有人格的权利主体	非权利主体
成立方式	捐助章程或者遗嘱	信托契约或遗嘱
特殊成立方式	无	宣言信托（限于法人）
登记	目的事业主管机关许可，再向法院登记法人	目的事业主管机关许可
财产独立性	当然为财团法人拥有财产权利	信托财产应具有独立性
财产所有权归属	财团法人	受托人

---

① 台湾《信托法制与实务》，第95~96页。

项目	财团法人	公益信托
剩余财产归属	各级政府	各级政府或其他公益法人、公益信托
设置固定办公场所	需要	不需要
设置专职人员	需要	不需要
资金使用方式	只能使用孳息从事公益	本金和孳息都可以使用
意思机关	理事会	需要设立咨询委员会
内部监督机关	需要设监察人	必须设立信托监察人
公益执行人	法人自身	受托人
纳税义务人	法人自身	受托人
免税比例限制	和创设目的有关的支出，不低于孳息与经常性收入的70%	无比例限制规定
存续期间	成立后不得任意解散	可约定一定存续期间

资料来源：郑建中、廖文达《公益信托之法制与争议》，《财经论文丛刊》2005年第3期，第113～126页。

正因为有这些差异的存在，"公益信托与公益法人二者的关系，犹如车之二轮，为现代公益活动不可或缺的制度"①。所以在设有财团法人制度的大陆法系国家和地区，也确立了公益信托制度，例如日本、韩国、我国台湾地区。② 而且如果应用得当，公益信托可与财团

---

① 赖源和、王志诚：《现代公益法论》，台北：五南图书出版公司，1996，第176页。
② 反之，在信托制度滥觞的英美法国家，尽管没有财团法人这样的术语，却也存在非会员制非营利法人（或者称为董事会控制的非营利法人）（non-membership organization/board-managed organization），它的确与财团法人制度有异曲同工之妙。在英美法中没有财团法人的概念，只有会员制组织（membership organization）与非会员制组织（或者称为董事会控制的组织）（non-membership organization/board-managed organization）的分类。在后一种情况中，组织的最高权威机构为董事会或者其他类似的组织。其实在这些组织中，董事会的职能与会员制中的董事会的职能是类似的，即监督整个组织的管理活动。然而，非会员制组织的董事会是能够使自身永远存在的，而且没有受制于任何一个成员。最典型的例子是基金会，当然一些服务机构也可以采取这样的组织结构。由于非会员制的非营利法人受到更为有限的外在审查，因此法律会对它们的公开度和问责提出更高的要求。参见 Lester M. Salamon，*The International Guide to Nonprofit Law*，John Wiley & Sons，Inc.，1997，pp. 21 - 22。

法人相辅相成。①

五 公益信托制度在大陆法系的实践

公益信托制度被引入大陆法系之后，也并非一帆风顺。我们暂且以日本和中国台湾地区为例，来审视公益信托制度在大陆法系的实践状况。

（一）日本

饶有意味的是，在日本继受信托的过程中，也有债权说②、物权说③和具有物权效力的债权说④的争议，也有学者探讨信托是否具有法人人格的问题。争执的起因是日本《信托法》第 1 条规定：本法所称信托，是指转移或以其他方式处分财产权，使他人依一定的目的，为财产权的管理和处分。所以在财产权移转问题上，具有物权性效果；

---

① 例如郑建中、廖文达在其文《公益信托之法制与争议》中指出："财团法人可扮演公益信托的推广角色，试想公益信托应非权利义务的主体，而系一项管道、途径，相反的是财团法人具有法律所赋予行为能力的人格权，二者结合有其高度价值；况采用宣言信托的法人方式设立公益信托，一般企业（或信托业）固亦甚佳，惟其常设有企业经营理念下的财团法人基金会（如天仁茶叶公司设茶艺基金会），更可由该基金会名义成立信托，如是驾轻就熟而公益理念一致，显然在理论和事实面皆颇合宜。"参见郑建中、廖文达《公益信托之法制与争议》，《财经论文丛刊》2005 年第 3 期，第 124 页。
② 日本学者清木彻二、入江真太郎持此主张。债权说认为，在信托中，财产权已经完全移转给受托人时，这一移转具有内部的相对性的限制。而且信托财产具有独立于受托人自由财产的属性，也是受托人与委托人之间的债权性架构。至于信托财产不属于受托人遗产的范围，受托人的债权人也不得就信托财产主张权利这些特征，是债权性的例外。参见《公益信托之理论与实务》，方国辉、陈建文译，1993，第 33 页。
③ 持这一主张的主要有日本学者四宫和夫。他认为，信托源于英美法，英美法并没有如同大陆法那样严格区分物权和债权，但是依然有契约法和财产法之分。信托法显然属于财产法领域。信托具有极强的独立性，甚至具有特殊的法主体特性。受益人对于信托财产的权利是一种物的权利，受托人是一种财产管理权，并非单纯的债权。参见《公益信托之理论与实务》，方国辉、陈建文译，1993，第 35 页。
④ 参见《公益信托之理论与实务》，方国辉、陈建文译，1993，第 35 页。

而在受托人为财产权的管理或者处分上，却具有债权的效果。由此导致学说上的争端纷起。根据日本《信托法》第66条的规定，以祭祀、宗教、慈善、学术、技艺或其他公益为目的的信托为公益信托。但是自1922年《信托法》颁布以来的大半个世纪里，实践中也从未有过公益信托。20世纪六七十年代，日本的公益法人制度开始出现一些弊端，尤其是中小规模的公益法人无力负担人员工资和行政费用；企业法人成立公益法人作为避税的手段；同时另有一些公益法人因接受财政支持，丧失中立地位，甚至成为主管部门安置其退休人员的去处。于是日本总理府委托公益法人协会，重新检讨公益制度，以求改进。在这样的背景之下，日本外务省于1977年4月22日首先颁发了外务大臣所管公益信托受托许可证及监督法令，建设省、文部省也相继于5月11日、6月1日制定了相关的许可颁发和监督法令。同年5月2日，由外务省许可的"金井海外协力纪念基金"、由建设省许可的"齐藤纪念建筑技术研究奖励基金"成立。[①] 至2003年3月，已经有公益信托572个，信托财产总价值达到711亿1840万日元。[②] 根据公益信托的目的可以有以下分类（表2.3）。

表2.3 日本公益信托分类

单位：件

信托目的	受托件数	信托目的	受托件数
奖学金给付	172	自然科学研究助成	90
人文科学研究助成	15	文化财产活用	3
教育振兴	82	社会福利	44
艺术文化振兴	34	都市环境整备、保全	31
动植物保护繁殖	1	国际协力、国际交流促进	58

---

① 陈月珍、郑俊仁：《信托之法制》，1998，第16～18页。
② 参见谢哲胜文建会"文化公益信托法律关系、设立监督及实务运作"讲授资料，2003，转引自陈俊宏《非营利组织从事公益信托之研究》，硕士学位论文，南华大学非营利事业管理研究所，2005，第38页。

续表

信托目的	受托件数	信托目的	受托件数
绿化推进	1	其他	25
自然环境保全	16	总计	572

资料来源：本表引自陈春山《公益信托的理念与制度》，转引自《文化公益信托法律关系、设立监督及实务运作——分区法律座谈会会议手册》，文化建设委员会编印，2003，第16页。

由此可见，日本的公益信托发展也就是近三十年的事情。为何在引入信托制度近半个世纪以来日本没有发展公益信托制度呢？原因在于：第一，日本在信托立法初期，草案中并没有关于公益信托的规定，直至大正7年（1918）的草案中才有了关于公益信托的规定，但是只有一个条文，两年后迫于对《信托法》的批判才形成相关条文，所以就立法而言，《信托法》中对公益信托的规定是对批判《信托法》的意见的仓促回应；第二，日本《信托法》中规定公益信托的设立必须经过主管机关的批准，但是《信托法》实施之后，没有主管机关出台相应规定，致使公益信托的设立、监督等都没有依据；第三，日本早期对于《信托法》的研究都拘囿于商事信托和营业信托领域，对于公益信托少有问津，同时，从事信托业的信托公司也将业务重点置于追求私益的营业信托，对公益信托鲜有涉足；第四，日本早于1896年制定的《民法典》中就有关于公益法人的规定，在一定程度上满足了公益事业的需求，而且普通民众对于信托这　来自英美的舶来品了解不够，也阻止了公益信托被大量采用。①

（二）中国台湾地区

台湾地区于1996年通过"信托法"，其中也规定了公益信托制

---

① 参见《公益信托座谈会——公益信托之现状及今后之课题》，方国辉译，《日本公益信托文粹选集》，台北市信托商业同业会印，1991，第4页，转引自郑策允《公益信托法律制度之研究》，硕士学位论文，辅仁大学法律研究所，1999。

度。但是截至 2005 年，核准设立的公益信托只有五个。2001 年 10 月
11 日，"公益信托陈春山法制研究基金"经台湾法务相关部门核准设
立，成为台湾第一个公益信托；这既是信托制度在台湾开创出多元运
用的新契机，也是台湾地区非营利组织多元化的起步。此后，政大教
授合资捐赠一百万元成立了"公益信托财经法务新趋势基金"；政大
原教师法治斌遗孀及其朋友共捐资三百万元，成立"公益信托法治斌
教授学术基金"；台塑集团负责人王永庆以其父亲的名义成立了"公
益信托王长庚社会福利基金"；由普莱德科技董事长陈清港、许华玲
夫妇捐资五千万元成立了一个教育信托，即"普莱德公益信托教育基
金"。① 可见，公益信托在台湾也是"小荷才露尖尖角"。

六　我国公益信托制度现状及问题

（一）从事公益事业可供选择的组织形式

在中国，个人或者组织要从事公益事业，有以下几种组织形式可
供选择。

一者，社会团体法人。1998 年《社会团体登记管理条例》第 2 条
规定："本条例所称社会团体，是指中国公民自愿组成，为实现会员
共同意愿，按照其章程开展活动的非营利性社会组织。"社会团体是
基于公民结社自由权的社团。二者，基金会。2004 年以前，基金会是
作为社会团体法人存在的。但自 1998 年《社会团体登记管理条例》
将社会团体定义为成员制的社团后，基金会已经无法在逻辑上成为社
会团体的一种类型了。2004 年《基金会管理条例》将基金会定义为
"利用自然人、法人或者其他组织捐赠的财产，以从事公益事业为目
的，按照本条例的规定成立的非营利性法人"，可谓正本清源。三者，

---

① 参见陈俊宏《非营利组织从事公益信托之研究》，硕士学位论文，南华大学非营利
事业管理研究所，2005，第 39 页。

民办非企业单位①。1996 年，中央从完善我国社会组织管理格局的角度出发，决定把民办事业单位交由民政部门进行统一归口登记，称为民办非企业单位。1998 年的《民办非企业单位登记管理暂行条例》第一次从法律上确立了这一组织形式。

社团法人是一种以成员为特征的非营利组织，这与公益信托有本质上的区别。民办非企业单位是指利用非国有资产举办的，从事非营利性社会服务活动的社会组织，例如民办学校、私营医院等。与此不同的是，公益信托并不要求　定得从事社会服务活动，大部分是为社会公益事业直接提供资金支持。

我国《民法通则》将法人分为机关法人、事业单位法人、社会团体法人和企业法人四种类型，目前尚不存在财团法人之说，也就没有相对应的制度。但是葛云松先生在比较了我国基金会和法人型民办非企业单位与国外财团法人之后，得出结论："我国的基金会与民法非企业单位法人制度与国外的财团法人制度的确存在一些差异②。但是

---

① "民办非企业单位"概念是在事业单位体制改革过程中出现的。"企业"与"非企业"的二分法源于"事业"与"企业"的二分法。"企业"和"事业"是计划体制下，根据生产职能的差别而产生的划分。企业往往和工商业联系在一起，在工商业领域活动的组织称为企业，并且但凡企业都需要在工商行政管理部门登记。而事业单位主要是从事教育、科技、文化、卫生（通常简称"教科文卫"）领域的活动。民办非企业单位与事业单位的区分，从《事业单位登记管理暂行条例》和《民办非企业单位登记管理暂行条例》来看，主要是以资产来源为区分的标准。利用国有资产举办的是事业单位，而利用非国有资产举办的是民办非企业单位。根据《民办非企业单位登记管理暂行条例》第 2 条的规定，民办非企业单位是指企业事业单位、社会团体和其他社会力量以及公民个人利用非国有资产举办的，从事非营利性社会服务活动的社会组织。民政部 1999 年发布的《民办非企业单位登记暂行办法》第 4 条中列举了教育、科学、文化、卫生、体育、民政等九类，再加上"其他"。目前，绝大部分的民办非企业单位是民办事业单位复查登记而来的。参见陈金罗、葛云松、刘培峰、金锦萍、齐红《中国非营利组织法的基本问题》，中国方正出版社，2006，第 79～80 页。

② 主要是在法人的目的、法人的设立、举办者（捐助人）、法人的法定机关、法人章程的变更以及法人的解散等方面存在差异。具体阐述参见葛云松《中国的财团法人制度展望》，《北大法律评论》2003 年第 5 卷第 1 辑，第 182～183 页。

除了在若干问题上范围较窄、若干细节规定上有些区别或者缺乏规定外，并没有根本性的不同。"① 可以将我国的基金会和法人型民办非企业单位进行制度上的整合，建构起我国的财团法人制度。

关于公益信托与财团法人之间的一般区别，本章在前面已经有所涉及，不再赘述。不可否认的是，我国基金会在筹建资金、从事社会公益活动方面取得了很大的成果。以中国青少年发展基金会为例，仅希望工程一项在短短十余年间累计接受海内外捐款 18.4 亿元，使 229 万名儿童重返校园，建起了 7800 多所希望小学，被誉为"中国非营利组织公益组织品牌"。但是纵观目前法律规定，我们发现仍存在一些问题。

一者，在我国设立基金会的条件比较苛刻，主要体现在资金要求上，全国性公募基金会的原始基金不低于 800 万元，地方性公募基金会的原始基金不得低于 400 万元，非公募基金会的原始基金不得低于 200 万元。公益信托没有起始资金的限制，只要求有确定的信托财产即可，更有利于吸纳社会上闲散资金从事公益事业。另外，基金会的设立程序比较烦琐。

二者，在运行成本上，基金会要求配备专职人员（包括理事、监事、秘书长等），确定固定住所，而公益信托的具体运营由受托人来进行，除此之外，只需要设立信托监察人即可。

三者，基金会在实现资产保值、增值方面有诸多限制。《基金会管理条例》第 2 条明确基金会是以从事公益事业为目的的"非营利性法人"。第 28 条没有具体规定基金会所能从事的营利活动，而只是原则性地规定，基金会应按照合法、安全、有效的原则实现基金的保值、增值。"合法要求"是指基金会必须符合以下规定：1990 年 8 月的中国人民银行总行颁发的《中国人民银行基金会稽核暂行规定》要求各地对基金会"以盈利为目的的经营活动，如直接投资、经商办厂、借

---

① 葛云松：《中国的财团法人制度展望》，《北大法律评论》2003 年第 5 卷第 1 辑，第 183 页。

贷资金等"进行检查纠正；1995 年 4 月中国人民银行总行下发的《关于进一步加强基金会管理的通知》要求"凡经营管理企业及其他营利性经济实体的基金会，要限期清理并作出适当处置"，而且"基金会基金的保值及增值必须委托金融机构进行"。同时根据目前《基金会管理条例》第 29 条规定，公募基金会每年用于从事章程规定的公益事业支出，不得低于上一年总收入的 70%；非公募基金会每年用于从事章程规定的公益事业支出，不得低于上一年基金余额的 8%。这些强制性比例的规定从一定意义上是为了促使基金会实现发展公益事业的宗旨，确保对公益事业的投入。但是这样规定的缺陷在于缺乏可操作性，而且在一定程度上致使基金会投资行为受到极大限制。

所以，即使我们已经有社会团体法人、基金会、民办非企业单位三种模式供民众选择以从事公益事业，但是依然无法满足所有的需要。《信托法》中对公益信托的规定无疑是另外一种选择途径。

（二）现实中的公益信托雏形运作及其存在问题

尽管诚如本章开篇所言，截至 2008 年 5 月，我国尚无公益信托的成功尝试。汶川地震之后，"西安信托 5·12 抗震救灾公益信托计划"以公益信托方式推进灾区的教育事业，被视为真正意义上的公益信托在我国的尝试。但是在实践中存在不少公益信托的雏形。

（1）在一些基金会内部设立公益基金。例如在中国青少年发展基金会中，设有中国青基会公益纪念基金。该基金以长期资助青少年发展事业为宗旨，接受捐赠人的捐赠，捐赠人获得基金的命名权。共分为四种类型：创始基金①、专项基金②、遗产基金③和公共基金④。还

---

① 创始基金由捐赠人向中国公益纪念基金捐赠 1 万元以上即可设立。双方订立捐赠协议。

② 捐赠人向中国青少年公益纪念基金捐赠 10 万元以上，即可设立专项基金。专项基金除享受创始基金的回报规格外，还可成立专项基金理事会，由捐赠人（或代表人）出任该基金理事会的常务理事，按照中国青少年公益纪念基金的宗旨和捐赠协议，管理该项基金。

有类似"希望工程——金龙鱼农民工助学基金"[①]"濮存昕爱心公益基金"[②]等专项公益基金。目前在中国红十字会下设立的"李连杰壹基金"也是一个典型个案。

（2）我国目前存在大量的公益基金，例如教育基金、扶贫基金、助残基金、劳保基金、医疗保险基金、养老基金等。但是问题在于这些基金大多被各主管部门分管，而且主管部门大多为国家行政机关，缺乏必要的资金运作经验、技术和专业人才，无法实现专业管理和专家理财，资金运作行政色彩浓厚，不接受严格的金融监管，资金运作效率低下，甚至被挪用、盗用，无法实现基金预定的保值增值和安全的目标。

（3）各大院校所设立的各种奖学金、助学金、科研基金等。这类奖（助）学金、奖教金和专项课题研究基金大多为社会公众向高校捐赠设立。一般设立在各高校的校友会之下，设有一定的管理方式和管理机关。例如北京大学制定的《北京大学设立奖学金的管理规定》中就有如此规定。

（4）在特定情况下筹款设立的特定账号。例如同一届的毕业生，或者同乡等为了某一特定目的（例如为了相互帮助，尤其是救助遭遇不幸的同学）而设立一个账号；或者为某个重症病人专门设立的账号；等等。这可能是管理最为松散的一种形式。

（接上页注）③ 捐赠人以合同或遗嘱的方式向中国青少年公益纪念基金捐赠遗产，即可设立遗产基金。遗产基金中的财产捐赠部分将被评估，计入遗产基金的捐赠额度之中。遗产基金对捐方的回报根据捐赠额度分别参照创始基金和专项基金的规格进行。

④ 由日常、零散捐赠汇聚而成的基金。公共基金的回报方式是，凡捐赠1000元以上，开具中国青少年公益纪念基金捐赠证书。

① 由嘉里粮油（中国）有限公司向中国青少年发展基金会捐资设立的专项公益基金。

② 2001年初，濮存昕在中国青少年发展基金会设立了宗旨在于帮助贫困的艾滋病家庭以及贫困地区孩子的教育基金。这种公益基金以个人名字命名，由捐助人设立，可以长期存在并自愿充值。每年以基金的一部分用于捐助人指定的目的，由青基会落实，捐助人对于基金的管理和适用有监督权。

这些情形的存在无疑表明了现实的一种需要。但是这些"公益基金"无不存在管理和运营上的问题。为什么不能依照《信托法》中的相关规定来进行规制呢？原因主要在于两点。

第一，《信托法》中规定了公益信托的原则和一般规则，却没有明确相关事项，导致法律规定缺乏可操作性而难以适用。按照《信托法》的规定，公益信托管理中很多事项，例如公益信托的设立和确定、公益信托受托人的辞任、受托人的变更、公益信托的检查、公益信托目的的变更、公益信托的终止①等都需要管理机构的批准和监督；但目前尚未确定究竟由哪个政府部门作为公益事业管理机构，致使公益信托的设立和管理无从谈起。

第二，国家没有为公益信托提供税收优惠政策。《信托法》第61条只作了原则性规定："国家鼓励发展公益信托。"但是具体鼓励发展公益信托的措施，例如税收措施还没有出台，在一定程度上影响了个人和组织设立公益信托的积极性。②当然民众对于信托的陌生感也是原因之一。

但是无可否认的是，公益信托制度值得在实践中进行尝试和推广。根据前文分析，信托制度（包括公益信托制度）引入大陆法系，尽管存在一定的理论争议，但是并不存在障碍，而且公益信托制度在发展公益事业方面所存在的功能上的不可替代性，符合我国现实需要。同时，信托制度在中国已经历了二十多年的实践，积累了有益的经验；而且正如前文所述，现实中所存在的公益信托的雏形也为公益信托的发展进行了有益的探索。再者，理论界对此领域的研究也日益增多，相关立法和配套制度也在紧张制定之中，而日本、韩国和我国台湾地

---

① 分别参见《信托法》第62、66、68、67、69和70条的规定。

② 国家税务总局、财政部于2007年1月8日通过的《财政部、国家税务总局关于公益救济性捐赠税前扣除政策及相关管理问题的通知》中赋予符合条件的社会团体和基金会以捐赠税前扣除资格。此后，《企业所得税法》及其实施细则中对于符合条件的非营利组织的收入以及公益捐赠人的税收优惠政策也予以了明确。但是这些规定都没有涉及公益信托。

区对于这一制度的成功移植的经验也值得我们借鉴和参考。

【本章小结】 公益信托与两大法系：
障碍可以被跨越

我国引入公益信托制度的确存在让人疑虑之处。最大的困惑在于：信托制度本是英美法所特有的，与英美法的财产制度、法律传统紧密相关，我们是否可以把这样一种制度移植到一个几乎迥然不同的财产法律体系中？本章审视了公益信托制度在英美国家的发展，发现这一制度即使在美国也曾遭遇抵制和否认，在较长时间内被法院判为无效。而在大陆法系的日本和我国台湾地区，在引入信托制度一段时间后，为了避免非营利法人（主要是财团法人）制度中的弊端，已经陆续涌现出公益信托的成功实践个案。所以公益信托制度并非以英美法律体系为依托。但是我们无法规避在现有法律体系中运用现有的法律概念和术语去解释信托，并将这一制度融合到现有制度中的问题。这是法律制度协调的需求，也是法律人乐于接受智力挑战的尝试。于是在确定信托财产的归属和受益权的性质问题上，大陆法系的专家学者表现出了足够的智慧和努力，而且也找到了能够让人接受的合理解释。这样的努力不能仅仅被视为逻辑博弈或者智力游戏。

要移植一个制度，最重要的是这一制度所能实现的功能是我们现有制度所无法提供的。这样就有必要去审视本国制度中相似的制度设计。本章比较了公益信托与大陆法中的财团法人，得出两者不可相互替代的结论。同时也指出，这一问题并非大陆法国家所特有，在美国也存在从事公益事业的多种组织形式。本章以较大篇幅比较了几种形式的特点，指出其各自适合的范围。明确公益信托只是为社会公众从事公益事业提供了一种途径，但是绝非（也不可能）替代其他制度。

第三章　中国法上的公益信托规范

在《中华人民共和国慈善法》颁布实施之前，关于"charitable trust"在中国的移植都是以《信托法》为依据，大量参考了日本和我国台湾地区的相关规定，故采取的亦是"公益信托"的表述，而笔者亦认为此表述更为贴切与具有法律规范意义。① 但是《慈善法》的出台，以专章形式规定了慈善信托，这就在立法史上出现了一个非常具有特色的现象：在一个国家的立法体系中，同时出现公益信托和慈善信托两个法律术语，并且由不同立法予以规定。对两者关系的厘清将有助于法律的适用，也得以窥探信托机制在公益慈善领域的应用之道。2001 年实施的《中华人民共和国信托法》专章规定了公益信托，确立了公益信托的具体规范。

本章拟专门介绍和阐述我国现行法中的公益信托规范。

一　公益信托的设立

我国《信托法》关于公益信托的法律适用规定如下："公益信托适用本章规定。本章未规定的，适用本法及其他相关法律的规定。"根据这一规定，在我国设立公益信托也应该遵守关于设立信托的一般规定。例如根据《信托法》第二章的规定，设立信托所需要满足的条

---

① 参见本书第四章。

件包括：信托目的合法；信托财产确定且合法；设立信托应该采取书面形式（书面形式包括信托合同、遗嘱或者法律、行政法规规定的其他书面文件）；符合法律对信托文件的载明事项的要求①；信托财产应该进行登记。除了这些规定之外，若要设立公益信托，还需要满足以下条件：第一，《信托法》第 60 条关于公益目的的规定②；第二，公益信托的设立和确定其受托人，应当经有关公益事业的管理机构批准。综上所述，公益信托的成立除了满足设立信托的一般要件之外，还需要满足法律关于公益信托的特殊规定。主要体现在设立方式、公益目的、主管机关的许可等方面。

（一）设立方式

信托的设立方式有契约、遗嘱和宣言三种。

以契约方式设立公益信托的，需要满足法律关于契约生效的规定，例如主体资格、意思表示真实和内容合法等；除此之外，尚需要讨论的问题有：是否为要式行为？契约何时生效？信托财产是否需要登记？

关于设立信托的契约是否是要式行为，各国立法不尽相同。一般并不要求非得具备书面形式，口头方式也是可行的。但是我国立法明确要求设立信托必须为书面形式。其立法理由在于："由于我国恢复开展信托活动的实践还不长，尚缺乏实践经验，广大群众和企业组织对信托制度和信托规范还不够熟悉，为了明确信托当事人的权利义务，避免信托活动中的纠纷，从这一实际情况出发，信托法规定委托人设

---

① 包括以下事项：（一）信托目的；（二）委托人、受托人的姓名或者名称、住所；（三）受益人或者受益人范围：（四）信托财产的范围种类或者状况：（五）受益人取得信托利益的形式、方法。除了这些事项之外，可以载明信托期限、信托财产的管理方法、受托人的报酬、新受托人的选任方式、信托终止事由等事项。

② 根据规定，公益目的包括：（一）救济贫困；（二）救助灾民；（三）扶助残疾人；（四）发展教育、科技、文化、艺术、体育事业；（五）发展医疗卫生事业；（六）发展环境保护事业，维护生态环境；（七）发展其他社会公益事业。

立信托的意思表示，无论是契约行为，还是单独行为，都必须采取书面的形式，而不能采取口头的形式。"①

关于契约的生效时间，首先得确定设立信托的契约行为是否为要物行为。我国《信托法》中明确规定采取合同方式设立信托的，信托合同签订时，信托成立。并没有要求财产的转移。这一点被认为是我国《信托法》的一个创造性规定，即把信托合同规定为诺成性合同。有学者认为这一规定"既体现着借鉴了前述外国民法的传统又体现着我国信托的实际出发"。"由于自签订时起便具有强制执行力，从而无论是委托人还是受托人在信托财产交付完成前对该合同均已不能反悔而不予履行，故它的施行将为信托业领域内的合同秩序的稳定起到极大的促进作用。"② 但是将信托合同规定为诺成性合同，在一定程度上违背了信托制度的本旨：信托财产尚未确定，信托如何产生？

我国《信托法》对于信托财产的登记则有明确规定，即要求有关法律、行政法规规定应当办理登记手续的信托财产，应当依法办理信托登记。未办理信托登记的，应当补办手续；不补办的，信托不产生效力。从我国对信托的定义来看，信托财产的所有权仍然在委托人手里，受托人接受委托人的委托管理、运用或者处分该财产。登记无疑是确立信托财产独立于委托人的财产、受托人的财产和受益人的财产的公示方式。但是，我国《信托法》关于信托财产登记的规定存在值得商榷之处。

以遗嘱方式设立公益信托的，则需要满足法律关于遗嘱有效的规定。我国继承法中有关于各类遗嘱的有效要件的规定。遗嘱区别于契约之处在于：契约（指委托人与受托人之间的契约）是双方法律行为，而遗嘱是单方法律行为。立遗嘱人按照民法和继承法等规定以遗嘱方式设立信托时，遗嘱信托行为即告成立。遗嘱一般会指定受托人，

---

① 卞耀武主编《中华人民共和国信托法释义》，法律出版社，2002，第 59 页。

② 张淳：《〈中华人民共和国信托法〉中的创造性规定及其评析》，《法律科学》2002年第 2 期。

或者设定了选任受托人的方式。如果遗嘱中未指定受托人，也没有指定选任受托人的方式的，我国法律没有明确规定。只规定了以遗嘱形式设立信托的，在受托人承诺信托时，信托成立。问题在于对于遗嘱中所指定的人拒绝或者无能力担任受托人时，该怎样处理呢？窃以为，在这一问题上不妨参照我国台湾地区"信托法"的规定，在此情形之下，应该由利害关系人或检察官声请法院选任受托人；在公益信托的情况下，则是由公益目的事业主管机关依利害关系人或者检察官声请，或自行依职权选任受托人。另外值得注意的是，遗嘱是死因行为，所以遗嘱信托只有在立遗嘱人死亡时才能发生效力。

值得讨论的是：能否以宣言方式设立公益信托？我国《信托法》在规定了契约、遗嘱方式之外，并没有明确规定宣言方式，只是认为可以采用合同、遗嘱之外的法律、法规规定的其他书面文件。① 宣言信托是指财产权人通过单独行为，以自己为受托人而设立的生前信托。英美法系国家一般允许以声明的方式设立宣言信托。但是大陆法系国家一般不允许设立宣言信托，盖因担忧委托人同时作为受托人，将自己的财产设定为信托财产，这很容易被用来规避债务，恐有损于债权人的利益。在日本和我国台湾地区，就能否以宣言方式设立信托，也一直存在争论。② 目前通说认为，可以宣言行为设立公益信托。例如

---

① 对于这一点，是因为随着我国信托业务范围的拓展，会出现一些新的设立信托的书面形式。例如，以广大投资者为对象的营业信托，以公布章程的形式或发售受益凭证的形式，将基金的发起、委托和受托关系的确定以及受益事项综合地予以规定，从而形成集团信托。

② 否定说认为，一者，宣言信托不符合信托的法定含义，日本《信托法》第1条规定信托必须有财产的转移及其他处分；宣言信托是以委托人为受托人，势必欠缺"财产的转移及其他处分"这个要件，所以不能成立信托。二者，如果承认宣言信托，由委托人自己处分管理自己的财产，也不符合信托设定为他人处分或管理财产的原意。三者，委托人、受托人为同一人，无法明确受托人之义务。相反，肯定说认为，一者，委托人通过宣言行为将财产从自己所有的财产转变为信托财产，符合日本《信托法》第1条所规定的"财产权之其他处分"，而且《信托法》第1条中规定的"为他人管理或处分财产"，这里的他人指的是"受益人"，受托人与委托人为同一人，并不违反这一条的规定；二者，关于宣言信托所容易滋生的（转下页注）

我国台湾地区"信托法"第 71 条第一项规定，法人为增进公共利益，得经决议对外宣言自为委托人及受托人，并邀公众加入为委托人。但是为了防止前面所述的弊端，法律要求这种信托财产必须为应登记或者注册的财产或者有价证券，办理信托登记的，才可以对抗第三人。由此可见，在我国台湾地区，以宣言信托方式设立公益信托的，需要满足以下条件：一者，以宣言方式设立信托的只能是法人；二者，法人设立宣言信托，需要通过决议进行，只要法人对外表示自己为受托人，为公众利益管理信托财产的意思，即可成立；三者，信托的目的必须是公益目的，意味着不可以宣言形式成立私益信托；四者，以宣言方式设立公益信托的，必须事先经过目的事业主管机关许可。[①]

（二）主管机关的许可

1. 我国公益信托的设立采许可主义

至于委托人设立公益信托是否需要经过主管机关的许可问题，英美法和大陆法国家的规定大相径庭。在英美法国家，设立公益信托无须事先经过主管机关的许可。尽管也规定公益信托的受托人有到主管机关进行设立公益信托登记的义务，但是如果受托人未去登记，只是视该受托人未能履行其职责，并不影响公益信托的有效成立。美国法认为公益信托有利于社会大众，应该简化程序以鼓励民众以公益信托

（接上页注②）受托人义务不明确的问题，可根据信托法中的对于受托人义务的规定来处理。参见郑策允《公益信托法律制度之研究》，硕士学位论文，辅仁大学法律研究所，1999，第 82 ~ 83 页。

[①]　关于以宣言方式设立公益信托的表示方式，我国台湾地区"信托法"也未有具体规定，但是可参照相关主管机关所颁布的许可及监督办法的相关规定。例如我国台湾地区法务相关部门所颁布的"法务相关部门公益信托许可及监督办法"第 3 条第一项、第二项及第六项的规定，法人依"信托法"第 71 条第一项规定以宣言设立法务公益信托者，应向法务相关部门申请公益信托的设立以及受托人许可。收到许可书之后，应立即"将许可书连同法人决议及宣言内容，登载于其主事务所所在地新闻报纸"，此即法务相关部门所定法务公益信托行为宣言方式。

方式从事公益事业。至于公益信托是否享有免税资格，则由税法来决定其是否属于免税组织。所以在美国法中并不要求公益信托需要得到主管机关的许可方可设立。在美国甚至还允许存在兼有公益与私益目的的信托。当然，如果委托人设立公益信托的行为会影响到其近亲属的继承权，则会有一定的限制。[①] 英国慈善法也持同样的立场，根据1993年英国慈善法第3条的规定，任何未被免除登记但是未进行登记的慈善组织的受托人应申请登记。登记的效力在于：如果一个组织在登记簿中登记在册，则除因变更而予以登记以外，该组织在任何时候应当被推定已经是或者将是个慈善组织。被确认为慈善组织之后，就可以享受税收优惠。但是值得注意的是，如果未经慈善组织登记，只是不享受作为慈善组织所能够获得的政府支持和税收优惠，并不影响公益信托本身的效力。

与此不同的是，作为大陆法系的日本和我国台湾地区则对公益信托都采取了许可主义的立场。例如我国台湾地区"信托法"第70条第一项规定，公益信托之设立须经过目的事业主管机关之许可。第71条第二项也规定，宣言信托于宣言前，应经目的事业主管机关之许可。同时规定未经许可而使用公益信托名称或使用易于使误认为公益信托文字者，由目的事业主管机关处新台币一万元以上十万元以下罚款（"信托法"第83条）。日本法中也有类似规定。

在许可主义立法之下，行政机关须制定申请许可的程序。例如我国台湾地区"信托法"第85条规定，公益信托的设立程序授权由公益目的事业主管机关制定办法施行。根据这一规定，我国台湾地区各目的事业主管机关完成了一系列相关的许可办法，包括"法务公益信

---

① 这一限制主要体现在死手法（mortmain acts）上，要求以遗嘱方式设立信托的，必须在委托人死亡之前一段时间设立才有效：当立遗嘱人还有近亲属时，若其所捐赠的财产超过一定比例，则超过部分无效。参见 George T. Bogert, *Trusts*, sixth edition, West Group, 1998, p. 247.

托许可及监督办法"①、"体育业务公益信托许可及监督办法"②、"消
费者保护公益信托许可及监督办法"③、"文化公益信托许可及监督办
法"④、"原子能业务公益信托许可及监督办法"⑤、"环境保护公益信
托许可及监督办法"⑥、"教育公益信托许可及监督办法"⑦、"银行相
关业务公益信托许可及监督办法"⑧ 等。日本自 1977 年（昭和 52 年）
以来，各主管机关也颁发了各自的公益信托许可及监督办法（规则、
要点、须知等）。由于内容不统一造成混乱，1994 年"公益法人等指
导监督联络会议"决定设立关于公益信托许可的统一标准，即《公益
信托设立许可审查标准》，内容涉及公益信托的目的、受益行为、名
称、信托财产、信托报酬、机关等。主管机关须逐项审查，以确保公

---

① 该办法于 1996 年 12 月 4 日颁发。法务公益信托是指以从事法制研究、法律服务、
矫正事务、更生保护、保障人权或其他与法务相关事项为目的，其设立及受托人经
法务相关部门许可的公益信托。

② 该办法于 2002 年 8 月 5 日颁发。体育业务公益信托是指以从事体育学术研究、全民
运动推广、竞技实力提升、国际体育交流、运动设施兴建与经营管理或其他有关体
育业务为目的，其设立及受托人经行政相关部门体育委员会许可的公益信托。

③ 该办法颁布于 2002 年 10 月 2 日。消费者保护公益信托是指以从事消费者保护事务
及相关法制研究、保障消费者权益、扶植消费者保护团体或推动其他与消费者相关
事项为目的，其设立及受托人须经行政相关部门消费者权益保护委员会许可的公益
信托。

④ 该办法颁发于 2002 年 12 月 9 日。文化公益信托是指以公共利益为目的从事有关文
化艺术事业，其设立和受托人经主管机关许可的公益信托。其主管机关，为行政相
关部门文化建设委员会和市、县（市）政府。

⑤ 该办法颁发于 2003 年 3 月 26 日。原子能业务公益信托是指以公共利益为目的，协
助原子能民生应用研究发展、核能管制、辐射防护、放射性物料管理或其他有关原
子业务的信托。

⑥ 该办法颁发于 2003 年 5 月 14 日。环境保护公益信托是指以从事有关环境保护事务
为目的的信托。其主管机关为行政相关部门环境保护机构。

⑦ 该办法颁发于 2004 年 1 月 20 日。教育公益信托是指以从事各级各类学校教育、社
会教育或其他与教育相关事项为目的，其设立及受托人经主管机关许可的信托。其
主管机关为教育相关部门。

⑧ 该办法颁发于 2004 年 6 月 30 日。银行相关业务公益信托是指设立及受托人经主管
机关许可，并以从事银行相关业务的学术及法制研究的赞助、促进国际合作与国际
交流或其他公共利益为目的的信托。

益信托的设立合乎标准的要求。

无论是英美法所采用的公益信托的效力与免税资格分离的立法思路，还是大陆法以设立的许可主义加强对公益信托设立的控制，其立法宗旨都不外乎：其一，提供民众以信托方式从事公益事业的途径；其二，要确保信托的公益性和实现委托人的意愿。

我国《信托法》也采纳了许可主义。《信托法》第62条规定公益信托的设立和确定其受托人，应当经有关公益事业的管理机关批准。行政许可制度是对市场准入的规制。许可是指行政机关根据组织、个人的申请，依法准许个人、组织从事某种活动的行政行为。通常通过授予书面证书形式赋予个人、组织以某种权力能力，或确认某种资格。① 当有可能产生负的外部性时，就有必要通过行政许可制度来进行一定限制。全国人大常委会法工委对于公益信托采取许可制度的立法理由阐述如下：为了加强公益信托的管理，确保公益信托的名副其实，防止打着公益信托的幌子享受公益信托的有关优惠规定，而实际上为个人谋取私利。所以对公益信托的设立采取了严格的事前许可主义，并且明文禁止未经公益事业管理机关批准就以公益信托名义进行活动的行为。② 但是，公益信托主管机关迟迟未能确定，相关许可及监督办法也未能出台，导致公益信托未能被实践采用。那么我国该如何设置相关的机关，相关机关又该如何制定相关办法呢？

---

① 参见罗豪才主编《行政法学》，中国政法大学出版社，1996。

② 关于是否应该采取登记设立制度尚待进一步的研究和探讨。毫无疑问，在推动公益信托初期采取谨慎的态度是无可厚非的，目的在于防止因公益信托的滥设而损及公共利益，但是也有学者提出，从公益事业有待鼓励和弹性的立场，无须采取严格的许可主义，改为登记或者备案制度予以事后监督即可。理由之一是应该借鉴英美的方法；理由之二在于对公益信托采取比私益信托更为严格的审查制度，不利于公益信托的推展、吸引社会资金；理由之三在于许可主义无法使公益信托的多样性实现，例如私益与公益混合的信托。参见郑建中、廖文达《公益信托之法制与争议》，《财经论文丛刊》2005年第3期，第122页。

2. 主管机关的确定：统一的主管机关还是众多的目的事业主管机关？

在公益信托的监管模式上，英美法采取的是统一的管理机关的模式。而日本、韩国和我国台湾地区采取的是由各目的事业主管机关各负其责、分别管理的模式。机械地去评价某一种模式的优劣并没有太大的意义，而且把这两种模式的选择与自由逻辑或者管制逻辑的选择直接一一对等的思维也并非正确。正如有学者所说的那样："需要指出的是自由的逻辑与统筹综合管理，管制的逻辑与目的事业管理并不存在对应关系。泰国和新加坡都是统筹综合管理，但是它们管理非营利组织的逻辑是管制逻辑而不是自由逻辑。① 新加坡甚至还是世界上对非营利组织管制最严厉的国家。"②

我国《信托法》选择了众多目的事业主管机关的模式。这一模式的选择与我国对其他非营利组织（社会团体法人、基金会和民办非企业单位）的管理模式是一致的。这就意味着并不是要专门成立一个管理公益信托登记审批和监督的机关，而是由各个目前已有的涉及有关领域的目的事业主管机关来监管公益信托。例如运用公益信托方式进行法律救助的，应当经过司法行政部门的审批；而以公益信托形式资助白血病患者的，则应当经过卫生行政部门的许可；等等。当然各目的事业主管机关分门把持的管理模式有一定的缺陷。公益信托因其目的不同分属不同的部门许可设立，这样的立法思路

---

① 《新加坡社团法》第 14 条规定："任何社团，若非注册社围，应视为非法社团。（1）管理或协助管理非法社团的处 5 年以下监禁；（2）作为非法社团成员或参加非法社团会议的，提供非法社团或开会地点的处 3000 新元以下的罚金或 3 年以下的监禁或两罚并处；（3）使用暴力威胁或恐吓诱使他人成为非法社团成员，处 4000 新元以下罚金或 4 年以下监禁或两罚并处；（4）向非法社团捐款的或印刷、出版、展出、出售或邮送非法社团材料的处 2000 新元的罚金或 2 年以下的监禁或两罚并处。"见陈金罗《社团立法和社团管理》，第 136 页。

② 参见陈金罗、葛云松、刘培峰、金锦萍、齐红《中国非营利组织法的基本问题》，中国方正出版社，2006，第 115 页。

依然还残存着计划经济之下的政府部门职能分化的痕迹。对公益信托发展不利的是，各业务主管部门都将这一事务作为副业来对待，因此不会对此过于关注。从"多一事不如少一事"的角度，往往会对公益信托采取过严的审查标准，这也不利于主管机关的专业化。但是同时针对我国目前负责慈善事业的行政部门力量不足，客观上无法实施监督职能的情况，由各目的事业主管机关参与有一定的实践意义。而且毋庸置疑的是，各主管机关熟悉本领域内的业务，有助于其履行职责。

那么是由主管机关各自制定许可以及监督办法还是统一制定许可及监督办法，然后由各主管机关根据自己部门的实际情况参照执行呢？从上文的阐述中，我们可以看到：我国台湾地区现在是由目的事业主管机关各自出台许可以及监督办法；而日本在各主管部门制定政令之后，于1994年统一制定了许可的标准，目的在于消除标准的不统一，但是在其他方面（例如具体提交的材料、监督等内容）还是留由各主管机关去规定。

3. 主管机关应该审查的事项

公益信托设立时，主管机关应该就下列事项进行审查。其一，信托的设立是否确以公共利益为目的。其二，信托授益行为的内容是否确能实现信托目的。根据日本《公益信托设立许可审查标准》的规定，公益信托的授益行为必须符合下列内容：第一，符合公益信托的目的，而且具备适当的内容；第二，原则上公益信托的内容是支付助学金、奖学金、奖励金及捐助金或散发物品等类似的给付；第三，在为信托行为发生时需要明确地约定授益行为；第四，不具有实行营利事业的特性以及内容。其三，信托财产是否确为委托人有权处分的财产权。因为信托财产是经委托人的转移行为而成为独立财产的，所以要求委托人对于信托财产应该享有处分权利。其四，受托人是否确有管理或处分信托财产的能力。这是对受托人资格的审查，一般认为，受托人应该具备适当的管理运营能力、有良好的信用以及丰富的从事信托管理的经验。① 尽管各国和地区立法一般不禁止自然人担任公益信托受托人，但是从日本和我国台湾地区的实践来看，专门从事信托业的信托公司以及一些金融机构由于具备良好的知识、经验、财产经营管理能力和事业的永续性而得到青睐。其五，信托监察人是否确有监督信托事务执行的能力。信托监察人在公益信托中需要行使相关监督职能，因此应该要求其具备这样的能力。其六，信托事务计划书及收支预算书是否确属妥当。这要求公益信托财产的所得能够支付达成信托目的所需要的授益行为的费用；如果该公益信托属于能够动用本金的公益信托，那么在公益信托存续期间，信托财产能够支付达成信托目的所需要的授益行为的费用。其七，公益信托名称是否妥当。名称应该符合社会通常的观念，并且能够适当地表示信托的目的和实际状况。根据日本的规定，有些名称被明确不得使用，例如：易被误认为是国家或者地方自治区团体的机构的，易被误认为是已经存在的法人或者公益信托的，与公益信托的授益行为范围相差太大的。

主管机关经过审查，认为应予以许可的，发给设立及受托人许可

---

① 在日本法中，还需要审查公益信托管理人和营运委员会，对于信托管理人的审查标准如下：第一，对于公益信托的目的，信托管理人须有相关学识、经验和信用；第二，与委托人或受托人有亲族或雇佣关系等特殊关系的人，不得担任信托管理人；第三，信托管理人是自然人。对于营运委员会的审查标准如下：第一，从公益信托的实际情况来看，除非有特别的理由，营运委员会的成员不宜过多，5 人以上，10人以下；第二，营运委员会的成员对于公益信托的授益行为需具备丰富学识经验；第三，营运委员会须由能适当地营运的人构成，例如，同一亲族不得占营运委员会成员的大部分；第四，营运委员会须规定会议的成立要件以及表决要件；第五，委员的任期不得过长。在日本法中，根据其《信托法》的规定，当事人在为信托行为时可以指定信托管理人，如果未指定的，主管机关可以根据利害关系人的请求或依职权选任信托管理人。这样的规定无疑是任意性规定，但是在实务中，信托管理人成为必设机关，因为在公益信托许可审查标准中，若未设定信托管理人或者未能选任合适的信托管理人的，主管机关将不给予公益信托的设立许可。信托管理人是代表受益人来行使有关公益信托的裁判上或者裁判外的行为的自然人。主要是考虑到公益信托的受益人是不特定的多数人，营运委员会的设立则是为了给受托人运营公益信托提供咨询意见，日本法中并没有规定这是必设机构，但是从实务中来看，主管机关在审查时也将此作为审查事项之一。

书；认为不应该予以许可的，则做出驳回的决定并说明理由。如果公益信托的设立目的与其他公益目的事业主管机关业务相关，接受申请的主管机关应该征询各有关机关的意见。

二 公益信托的受托人

公益信托的受托人依照信托宗旨，为受益人的利益或者为特定的信托目的，从事信托财产的管理、处分，以实践信托的公益目的。公益信托一旦设立，委托人就将信托财产转移给受托人，由受托人负责信托的运营。因此受托人的义务是信托法制的核心内容。

（一）公益信托受托人的权限与权利

尽管作为公益信托的受托人，的确有别于私益信托受托人的一些义务，例如根据有些国家的规定，除应当履行法律规定的一般受托人的义务之外，还应当履行下列义务：其一，依据主管机关的命令，提供相应的担保或者其他处置，以保护信托财产；其二，每年至少一次定期将信托事务处理情况以及财务状况，交公益信托监察人审核后，报请主管机关核备并公告；其三，非有正当理由，并经主管机关许可，不得辞任；其四，公益信托消灭时，应当按照规定向主管机关申报。但是总体而言，公益信托受托人的职责和义务在很大程度上并不因为其公益性质而有特殊性。

1. 公益信托受托人的权限

受托人基于信赖关系获得对财产的管理权利（在英美法中是取得形式上的所有权）之后，究竟对于信托财产有什么样的权限，值得探讨。一般认为，受托人的权限应该合乎信托目的和信托条款。

在美国法中，受托人的权限可以分为以下几种类型：[①] 第一，明

---

① 参见 George T. Bogert, *Trusts*, sixth edition, West Group, 1998, pp. 317 – 327。

示权限和默示权限；第二，强制权限和任意权限；第三，与受托人人身不可分离的权限和与受托人职责不可分离的权限；第四，共同受托人的权限。美国《统一信托法》对于受托人的权限有非常详尽的规定，主要见于该法第 815 条和第 816 条。大陆法中并没有专门的条文规定受托人的权限问题。但是经过学者整理，认为具体而言，受托人的权限应当包括：费用的支出、出租信托财产、出售信托财产、转投资、设定担保物权或者负担债务、和解和交付仲裁、诉讼和放弃诉讼、行使选举权等其他有价证券持有人的权利等等。[1] 也有学者认为，受托人基于信托财产管理人的地位，对信托财产具有管理处分权。只要在不违反法律强行性规定和公序良俗的条件下，当事人之间可以自由约定管理处分财产的内容。至于信托人的管理处分权限，应该从宽解释，即包括所有有关信托财产的法律行为或者事实行为。[2] 这些行为包括：权利取得行为或者债务承担行为，为保护财产所从事的诉讼上或者诉讼外的行为，对于信托财产的保存行为、租用行为、利用行为或者改良行为等。[3] 但是出于对委托人或者受益人权益保护的目的，规定有些权限得有信托条款的明示方可行使。[4]

我国《信托法》也没有规定受托人的权限问题，只是要求其遵守信托文件的规定执行信托事务，然后通过规定受托人的义务规定

---

[1] 参见谢哲胜《受托人权利义务及责任》，《月旦法学杂志》第 65 期，2000，第 177 页。

[2] 参见赖源河、王志诚《现代信托法论》（增订三版），中国政法大学出版社，2002，第 114～116 页。

[3] 参见赖源河、王志诚《现代信托法论》（增订三版），中国政法大学出版社，2002，第 114～115 页。

[4] 例如我国台湾地区"信托法"第 37 条规定，信托行为订定对于受益人发行有价证券者，受托人得依有关法律之规定，发行有价证券。明确要求只有在信托行为订定的情况下，方可以发行有价证券。对于营业信托，则信托业法会有一定的规制，以避免信托业从事过渡的财务操作，例如我国台湾地区"信托法"第 32 条规定，信托业办理委托人不指定营运范围或方法的金钱信托，其营运范围以下列为限：现金或银行存款；投资公债、公司债、金钱债券；投资短期票券；其他经主管机关核准的业务。

其活动限度。只是在《信托公司管理办法》中有一定的规定。例如该办法第 23 条规定，信托投资公司管理、运用信托财产时，可以依照信托文件的约定，采取出租、出售、贷款、投资、同业拆放等方式进行。

公益信托的受托人的权限基本上适用上述规定，但是还有些特殊规则。例如，我国《信托法》第 63 条规定，公益信托的信托财产及其收益，不得用于非公益目的。这无疑是对受托人权限的一种限制。另外，《信托法》第 72 条规定，公益信托终止时，没有信托财产权利归属人或者信托财产权利归属人是不特定的社会公众的，经公益事业管理机构批准，受托人应当将信托财产用于与原公益目的相近似的目的，或者将信托财产转移给具有近似目的的公益组织或者其他公益信托。

2. 公益信托受托人的权利

（1）报酬请求权和费用返还请求权

对于受托人的报酬请求权问题，各国规定不尽相同。大多数国家主张以不收取报酬为原则，以收取报酬为例外。例如，英国法认为信托人非经信托行为规定或法院批准，不得收取报酬。1925 年《英国受托人法》第 42 条规定，如果法院指定公共受托人以外的一家公司单独或者与其他人一起担任受托人，法院可以许可该公司为担任受托人处理信托事务而收取一定的报酬，只要该报酬在法院看来是适当的。日本《信托法》第 35 条明确规定，营业信托的受托人可以收取报酬，受托人除了作为营业承受信托者外，不得接受报酬。其他类型的受托人需要事先约定，方可收取报酬。美国法则主张信托有酬主义，认为受托人都可以收取报酬。其《统一信托法》第 708 条规定，（a）信托条款未具体规定受托人报酬的，受托人有权获得当时合理的报酬，（b）信托条件具体规定受托人报酬的，受托人有权获得该报酬，但是如果出现下列情形之一的，法院可以作出增减：受托人的职责与信托设立时所预计职责具有实质性不同；或者信托条款规定的报酬不合理，即过高或过低。① 我国《信托法》也规定，只有在信托文件有约定或者法律有明确规定的情况下，信托受托人才可以获得报酬。

于报酬请求权而言，公益信托受托人与一般受托人本不该有什么区别。在我国，首先得适用《信托法》第35、36条的规定。值得注意的是，《信托公司管理办法》中也规定了信托公司可依法开展公益信托活动。信托公司可以作为公益信托的受托人，其经营公益信托的行为无疑依然是营业行为，故其报酬请求权应为当然。

公益信托的受托人亦享有费用返还请求权。其在经营管理信托财产时，势必会产生一定的费用，例如因信托财产所负担的税金与管理费、正常维护信托财产所必需的费用，以及实施信托行为所规定的各种行为所必需的费用。这些费用均可以从信托财产中予以返还。

（2）受限制的辞任权

根据《信托法》的规定，私益信托设立后，经委托人和受益人同意，受托人可以辞任，受托人辞任的，在新受托人选出前仍应履行管理信托事务的职责。但是对于公益信托则有特别规定。与私益信托受托人相比较，公益信托的受托人的辞任要求更为严格。一者，由于公益信托的受托人的确定需要经过公益事业主管机构的认可，所以其辞任也必须经过公益事业管理机构的批准。二者，在私益信托场合，受托人辞任需要经过委托人和受益人的同意，但是在公益信托场合，公益信托的受益人是不确定的，是不特定的社会公众，受托人的辞任经过受益人同意无法操作。所以公益信托受托人的辞任不需要受益人同意，却要取得公益事业主管机构的批准。三者，无论是公益信托还是私益信托，在新受托人选出之前，原受托人还是需要继续履行其义务。这是为了保证信托的持续正常运作。

---

① 各州立法也采取同样的主张，例如加利福尼亚州信托法。

(3) 公益信托受托人所特有的权利——对公益事业管理机构的起诉权

根据《信托法》的规定，公益事业主管机构违反《信托法》规定的，受托人有权向人民法院起诉。公益事业主管机构的职权很大，公益信托的设立、变更、终止以及终止后的清算报告，都需要公益事业主管机构的批准或者核准。公益事业主管机关有可能发生以下违法行为：对符合公益信托条件的信托不予批准；随意变更公益信托的受托人；随意改变公益信托文件中的有关条款；等等。在这样的情况下，受托人可以起诉作为不同行业行政部门的公益事业主管机构，属于行政诉讼。

（二）受托人的义务

公益信托关于受托人义务的基础与私益信托是一致的。在英美法中是基于信赖关系而产生的信赖义务；在大陆法中，则是善良管理人的注意义务。信赖（fiduciary）一词是从拉丁文 fiducia 演变而来的，意思为信任、信托。在 19 世纪中期为英国法律所继承，用来描述受托人和受益人之间的关系。Fiduciary 之所以取代 trust，是因为 trust 在早期是更为广义和模糊的概念，是指委托人对受托人的信赖。信赖义务被英国的衡平法院发展成为一个有自身特殊含义的概念，特指一方承诺将为了另一方最佳利益而行动，或为了双方共同的利益而行动。[①]负有信赖义务的受托人有责任通过各种方式不自私地行事，以自身最好的知识和技术服务于他人或者机构。[②] Frank Easterbook 法官和 Daniel Fischel 教授则赋予了信赖义务更为广泛的含义。他们把信赖原则视为替代个人监督的指导控制代理人的具有威慑作用的制度。这一原则在每个代理契约中起到标准的违约处罚条款的作用，例如在委托代理

---

① 参见张开平《英美公司董事法律制度研究》，法律出版社，1998，第 150 页。
② 参见 James J. Fishman, Stephen Schwarz, *Nonprofit Organizations*: *Cases and Materials*, The Foundation Press, 2005, p. 152。

关系中，以及在非营利组织的管理者与社会公众之间的关系中。这一条款是一个约定损害赔偿金的规定，就相当于合同法中的善意概念。根据他们的观点，信赖义务实际上是一个能够降低交易成本的默示条款。[1]

在非营利领域，对信赖义务违反的案例也是不鲜见的。但是由于信赖义务的标准的模糊性，将其作为行为准则非常困难，甚至连法官在解释信赖义务时也带有很强的说教的色彩。例如卡多佐大法官在 *Meinhard v. Salmon* 案中的解释："日常习以为常的行为所允许的许多方式，在受信义关系约束的场合则是被禁止的。对受托人而言，其道德要求比市场道德标准更为严格。受托人的行为标准仅仅以诚实来衡量是不够的，而是在最细微的细节上也应该保持正直。"[2]而且美国法院在公益信托中适用信义原则时也没有保持连贯性和一致性。

1. 公益信托受托人的注意义务

美国法规定，受托人管理信托事务应该尽到与一般人处理自己事务一样的注意义务，但是受托人因表示其具备较高的能力而取得受托人的地位时，应该负有与其所称相一致的注意义务以及管理能力。[3]颇有意味的是，美国非营利法人董事的注意义务的总体标准要比营利

---

[1]　参见 Corporate Control Transactions，91 Yale L. J. 698，700 - 703（1968），AndF244 29436. 46 - 47（7Cir. 1987），cer Dismissed. 485u. s. 901. 108sCt106701988）dan v Dufl Phelps，Inc. 815。

[2]　249N. Y，458.464 164 N. E. 545，547（1928）. 参见 Corporate Control Transactions，91 Yale L. J. 698，700 - 703（1968）And see Jordan v. Dutf& Phelps，Inc. 815 F2d 429，436，446 - 47（7 Cir. 1987）. cert Dismissed，485 U. S 901，108SCt1067（1988）。

[3]　Restatement of Trust 5 17，second edition，1979. la * 3："The trustee is under a duty to the beneficiary in administering the trust to exercise such care and skill as a man of ordinary prudence would exercise in dealing with his own property，and if trustee has the or procures his appointment as trustee by representing that he has greater skill than of a man of ordinary prudence. He is under a duty to exercise such skill. "

法人董事的注意义务低。例如 *Gerge Pepperdine Foundation v. Pepperdine* 案①显示，法官普遍认为非营利法人的董事主要是志愿性的义工，即不获得任何报酬，所以如果对他们履行职责要求过高是不合适的，而且势必会挫伤人们投身公益事业的积极性。所以无论是法官还是检察官对于非营利法人的董事都关怀备至。也正是这个原因，与营利公司相比较，起诉到法院的追究董事违反注意义务责任的案件相对较少。

但是对于公益信托的受托人而言，其注意义务并不因为其公益性而有所下降。对此，美国《信托法重述》有明确的解释："在以信托财产进行投资时，公益信托的受托人所承担的义务与私益信托中的受托人相同。"② 理由在于，公益信托的受托人的报酬请求权与私益信托的受托人并无二致。

大陆法中则要求公益信托的受托人需承担善良管理人的注意义务。"善良管理人的注意义务"最早起源于罗马法，是指罗马法中的良家之父的注意义务，意思是指要有同富有经验、精通人情世故的人一样具备良苦用心、勤勉以及与其实际能力相符合的注意义务，并非现实生活中个人注意的平均值，是理念存在的抽象标准。③ 民商法中，有时以善良管理人作为抽象轻过失的标准，但是有时也以善良管理人作为行为标准。民法对于租赁、借贷、委任、寄托、合伙、质权、留置权等都有善良管理人的规定；公司法对于清算人和重整人，保险法对于监理人也有善良管理人的规定；信托法对于受托人也课以善良管理

---

① 原告 Gerge Pepperdine Foundation（一个非营利法人）将其前董事们告上了法庭，认为他们在任职期间通过非法和投机交易以及管理不善使基金会的财产浪费殆尽。该基金会在 11 年间损失了三千万美元的财产，并对外尚有负债，原告认为是被告的持续的投资失败和其他交易导致了这个结果。法院经过判决认为，该基金会是 Pepperdine 先生投资三千万美金创立的，他和他的朋友在这样的情况下投身于这个基金会的管理，而且没有任何迹象表明他们有动机贪污公共利益，而且即使这些损失都是 Pepperdine 先生领导下的董事会的疏忽和决策失误导致的，在这种情况下需要向他自己慷慨捐款成立的非营利法人偿还什么呢？

② Restatement of Trusts, second edition, 389 (1959).

③ 邱聪智：《民法债编通则》，1996，第 252 页。

人的注意义务。正因为善良管理人这一概念在很多领域内被广泛使用，有学者担忧，与信赖义务比较，其含义反而显得相当模糊。[①]

也有学者认为受托人的义务根据其有偿或者无偿而应该有所区别。例如我国台湾"民法"第535条规定，受任人未受有报酬者，尽到如同处理自己的事务一般的注意义务即可，但是对于接受报酬的受托人而言，则应该尽到善良管理者的注意义务，即"无偿受任人负具体轻过失责任，有偿受任人负抽象轻过失责任。具体轻过失责任相较于抽象轻过失责任为责任之减轻。盖受任人既未受利益，则其责任应从轻定之"[②]。但是笔者认为，信托关系的核心在于委托人与受托人之间的信赖关系，在这一关系中，受托人的权限极大，对信托财产进行全面管理和处分，因此应该对其要求较高的注意义务。从这一点上讲，对于信托中的受托人，无论是有偿还是无偿，都应该课以善良管理人的义务。[③]

我国《信托法》第59条规定，公益信托适用本章规定。本章未规定的，适用本法及其他相关法律的规定。我国《信托法》第六章对公益信托进行了专门的规定，内容涉及公益信托的设立及受托人的确定、信托监察人的设置、受托人的辞任、公益信托条款的变更、公益信托的终止以及类似规则的适用、公益事业管理机构的职责等问题。对于公益信托的受托人的义务并没有专门规定。因为公益信托是信托的一种类型，《信托法》中关于受托人的权利义务关系也应该适用于公益信托。我国《信托法》中第25条可以被视为信赖义务的规定："受托人应当遵守信托文件的规定，为受益人的最大利益处理信托事

---

① 参见王文宇《新公司与企业法》，中国政法大学出版社，2003，第413页。

② 参见黄立主编《民法债编各论》（下），中国政法大学出版社，2003，第515页。

③ 有学者进一步揭示其立法理由："受托人既基于信赖关系管理他人的财产，自须依信托行为所定意旨，积极实现信托目的，从而其注意义务不能以与处理自己事务同一注意义务为已足，应课以善良管理人的注意义务，以处理信托事务。"参见赖源河、王志诚《现代信托法论》（增订三版），中国政法大学出版社，2002，第125页。

务。受托人管理信托财产，必须恪尽职守，履行诚实、信用、谨慎、有效管理的义务。"这一条文首先要求受托人处理信托事务必须依照信托文件以达到受益人的最大利益为原则。这是因为受托人是基于委托人的高度信任取得信托财产的管理处分的权利的。所以受托人应该履行约定职责，忠于信托目的，从受益人的最大利益出发处理相关事务。既然如此，受托人管理信托财产仅仅以与处理自己事务相同的技能和注意是不够的，还应当履行诚实、信用、谨慎、有效管理的义务，即善良管理人的注意义务。但是在具体投资方面缺乏明确的规定。

但是，这一善良管理人的注意义务能否通过约定进行排除呢？由全国人大常委会法工委主编的《中华人民共和国信托法释义》中的观点是：本条所规定的受益人最大利益原则和诚实、信用、谨慎、有效管理信托财产的义务，是法定的原则和义务，受托人不得违反。如果违反上述原则和义务，受托人就要承担故意或重大过失的责任，对这种责任，当事人不能约定排除。[①] 对于这点，笔者不敢苟同。尽管《信托法》通过法定形式规定了受托人的注意义务，但是这一规定的基础在于委托人和受托人之间的信赖关系，依然是通过双方的协商达成一致的意思表示。法律可以就受托人的注意义务有一种标准的认定，但是如果双方通过协商，在信托文件中明确约定降低受托人的注意义务的程度的，应当予以认可。当然受托人故意的或者重大过失的责任不可免除。在这一点上，笔者赞同我国台湾地区学者的一种观点，其"信托法"第 22 条的规定（即关于受托人注意义务的规定）并非强行规定，应该被认为是训示性规定。应当允许当事人通过信托行为加重或者减轻其责任。如果约定免除受托人的故意或者重大过失的责任，则根据民法的基本规定，应认定其违反强行规定而无效。但是对于营业性信托，则应当根据信托业法的规定，认为受托人的善良管理人的

---

① 卞耀武主编《中华人民共和国信托法释义》，法律出版社，2002，第 96 页。

注意规定是强行性规定，不得允许委托人和受托人通过特约方式减轻信托业所应负的责任。[1] 例如我国《信托公司管理办法》第 30 条规定，信托公司应当以受益人的最大利益为宗旨处理信托事务，并谨慎管理信托财产。信托公司的这一善良管理人的义务就不得予以约定减轻。

依照英美法，信赖义务也是可以通过一定方式由当事人特约排除的。如果委托人和受托人就降低受托人注意义务的程度，或允许部分利害关系的冲突交易达成一致，应该认定其约定是有效的。当然对于受托人责任的免除，应该是在委托人有行为能力，了解权力及相关重要事实，并且没有受到受托人不当的误导的时候，才有效力。但是美国《信托法重述》中对此还有进一步的限制。根据其第 221 条的规定，在下列两种情况下，受托人的责任不可通过约定予以排除：受托人恶意、故意重大过失所导致的损害或受托人因违反信托所获得的利益；受托人因滥用委托人对其的信赖关系而违反信托责任的。第 216 条第三项规定，在受托人与受益人有利害冲突的交易中，即使受益人已经事先同意该交易，如果该交易内容不公平、不合理，受托的责任仍然不得免除。[2]

2. 忠实义务

与注意义务可以通过信托条款予以约定变更不同的是，忠实义务是受托人的绝对义务。忠实义务是指受托人不得置身于与受益人利益可能发生冲突的地位，受托人处理信托事务不得为自己或者第三人谋取利益，即必须以受益人的利益为唯一考量因素。日本学者四宫和夫认为，忠实义务可包含三个原则：第一，受托人不得置身于信托财产利益与受托人个人利益彼此冲突的地位；第二，受托人在处理信托事

---

[1] 赖源河、王志诚：《现代信托法论》（增订三版），中国政法大学出版社，2002，第 125 页。

[2] 参见美国《信托法重述》（第二版）第 212、216 条的相关规定，同时参见王文宇《新公司与企业法》，中国政法大学出版社，2003，第 415～416 页。

务时，不得自己得利；第三，受托人处理信托事务时，不得使第三人获得不当利益。[①]

这里需要明确的问题在于：忠实义务是指受托人对谁的义务？有人认为是对受益人的义务，例如根据美国法的立法理由，他们认为忠实义务是指受托人对受益人的义务。[②] 日本学者有认为是对信托财产的义务的，也有认为是对委托人的义务的。[③] 笔者认为，忠实义务与信托财产的归属认定有一定的联系，但是并非一定一一对应。受托人管理和处分信托财产，必须遵守信托文件的规定。委托人是信托文件的拟定者，同时正是因为信托文件的规定，受益人享有受益权。因此要求受托人应当遵守信托文件的规定，为受益人的最大利益处理信托事务。受托人违反信托职责管理或处分信托财产时，委托人和受益人都可以请求法院撤销该处分行为，还可以请求受托人恢复信托财产的原状或者赔偿损失。但是笔者认为，这不能推导出忠实义务是对委托人和受益人的义务的结论。信托文件的确是委托人所拟定，但是一旦信托成立，信托条款就不得随便更改，因此与其说是忠实于委托人和受益人，不如说忠实于信托文件所规定的信托目的。这一判断在公益信托中更为明显，因为公益信托中受益人不确定，所以受托人必须按照信托的公益目的管理信托。[④] 我国《信托法》并没有明文规定忠实义务，只是对于存在利益冲突的交易进行了一定的禁止和限制性规定。不可否认，我国关于忠实义务的规定存在一定缺失，例如没有规定受托人作为共同受益人的情况；在禁止受托人把信托财产转为固有财产

---

① 参见〔日〕四宫和夫《信托法》，有斐阁，平成六年，第 277 页，转引自赖源河、王志诚《现代信托法论》，中国政法大学出版社，2002，第 132 页。

② 参见 Restatement of Trusts, second edition, §170, 1959。

③ 持前者观点的学者是在承认信托是实质性主体的基础上的；后者则认为信托是限制性权力的转移。参见〔日〕中野正俊、张军建《信托法》，中国方正出版社，2004，第 142 页。

④ 参见 John H. Langbin and Lawrence W. , Waggoner, *Uniform Trust and Estate Staftres*, 2005 - 2006 edition, Foundation Press, 2006, p. 436。

时，没有考虑到一些例外情况，例如受托人因继承或者以其他概括承受名义等取得信托财产的情况；而且对于存在利益冲突的交易规定得不够详尽。

当然公益信托受托人也需要履行分别管理信托财产、亲自管理信托财产等诸项义务，在此不再赘述。

三 公益信托的监督管理

（一）监督管理机关

公益信托成立之后，就由受托人根据信托的目的和宗旨执行公益事务。受托人对信托财产拥有相当大的管理处分权，而且依照私法自治原则，公益信托的当事人在不违反法律强制性规定和公序良俗的前提下，可以自有约定管理处分权的内容。① 但是，公益信托事关公共利益，所以各国立法对公益信托的监督管理采取了更为严格的立场。除了在公益信托内部设置信托监察人之外，为确保公共利益的实现，应考虑设立专门的监督管理机关对公益信托的运作进行管理和监督。在具体制度构建上，日本和我国台湾地区的"信托法"都确定为由公益目的事业主管机关负责，美国由州检察长负责，在英国则设有独立的慈善委员会。

在我国，公益信托的国家监督机关是公益事业管理机构。根据法律规定，公益事业管理机构除了享受对公益信托的设立和确定受托人的许可权之外，在公益信托设立之后还享有检查权②、公益信托监察

---

① 赖源河、王志诚：《现代信托法论》（增订三版），中国政法大学出版社，2002，第 14 页。

② 我国《信托法》第 67 条规定，公益事业管理机构应当检查受托人处理公益信托事务的情况和财产状况。受托人应当至少每年一次作出信托事务处理情况及财产状况报告，经信托监察人认可后，报公益事业管理机构核准，并由受托人予以公告。

人的指定权①、对公益信托受托人辞任的批准权②、对公益信托年报的核准权③、变更受托人的权限④、变更信托条款的权限⑤、公益信托终止时对清算报告的核准权⑥、确定适用近似原则的权限⑦等。

但是，规定了公益事业管理机构对公益信托实施检查的职权，了解其处理公益信托事务的情况和财产状况，而没有规定相应的处置权。

（二）公益信托监察人

公益信托监察人是指代理委托人或者受益人专门对受托人的信托行为进行监督的公益信托关系人。我国台湾地区对于私益信托，只要求在"受益人不特定、尚未存在或其他为保护受益人之利益认有必要时"，法院根据利害关系人或者检察官的声请，选一人或数人为信托监察人；但是要求公益信托必须设置信托监察人。同样的规定见诸日本和韩国的信托法。我国《信托法》中也有类似规定。《信托法》第64条规定："公益信托应当设置信托监察人。信托监察人由信托文件规定。信托文件未规定的，由公益事业管理机构指定。"可见，与私益信托不同的是，公益信托中的监察人是必设机构。这是因为，对于私益信托，我国《信托法》中规定了委托人和受益人的一系列权利来实施对受托人进行信托活动的监督。例如委托人、受益人有权了解信托财产的管理运用、处分及收支情况，并有权要求受托人作出说明，委托人、受益人有权查阅、抄录或者复制与其信托财产有关的信托账

---

① 参见我国《信托法》第64条的规定。
② 我国《信托法》第66条规定，公益信托的受托人未经公益事业管理机构批准，不得辞任。
③ 参见我国《信托法》第67条的规定。
④ 参见我国《信托法》第68条的规定。
⑤ 参见我国《信托法》第69条的规定。
⑥ 参见我国《信托法》第71条的规定。
⑦ 参见我国《信托法》第72条的规定。

目以及处理信托事务的相关文件。① 在符合《信托法》规定的情况下，有权要求受托人调整信托财产的管理方法；有权申请人民法院撤销受托人对信托财产的处分行为，并有权要求受托人恢复信托财产的原状并予以赔偿；在受托人违反信托目的处分信托财产或者管理处分信托财产有重大过失时，委托人和受益人有权依照信托文件的规定解任受托人，或申请人民法院解任受托人。但是在公益信托中，由于受益人系不确定的一般社会公众，只有在享受信托利益时才成为受益人，这些受益人无法如同私益信托受益人一样享受法律所赋予的那些权利，因此有必要设置公益信托的监察人，以监督公益信托受托人，保证公益信托目的的实现，以保护社会公共利益。可以说，设立公益信托监察人的目的就在于代替受益人行使监督权。正如同有学者所指出的那样："由于一方面公益信托的受益权于信托设定后已产生，但最终受益人常有待选拔而尚未特定或存在，对此受益权未归属的浮动状态，有必要先行保障受益人权益；另一方面，基于公益信托不同于私益信托以自身获益为目的，其攸关一般社会大众之利益，公益信托监察人尚发挥代公权力监督之性质，因此应强制设立信托监察人来保障受益人之利益。"②

1. 公益信托监察人的选任

这一点上，我国台湾地区规定了两种确定监察人的方式：一是在设立信托时，由委托人和受托人在信托文件中约定；二是在设立信托之后，由利害关系人向法院申请选任。日本和韩国信托法中，除了我国台湾的两种方式之外，还规定了法院依照职权选任的方式。根据我国《信托法》规定，信托监察人首先由信托文件规定；信托文件未予以规定的，由公益事业管理机构指定。比较而言，其一，我国把公益信托监察人的确定权授予公益事业管理机构，而非法院；其二，由公

---

① 我国《信托法》第20、49条的规定。这是对委托人、受益人知情权的规定。
② 参见郑建中、廖文达《公益信托之法制与争议》，《财经论文丛刊》2005年第3期，第121页。

益事业管理机构确定，没有明确是依照利害关系人的申请还是依照职权主动选任。

2. 公益信托监察人的权限

公益信托一方面代行私益信托中的受益人的权利，另一方面代行国家公权力，所以信托法中关于受益人的权利，信托监察人都可以行使。但是公益信托监察人在行使这些权利时是以自己的名义进行，并不是受益人的代理人。因此公益信托监察人享有以下权限：其一，为维护受益人的利益，有权以自己的名义，提起诉讼或者实施其他法律行为；[①] 其二，对于公益信托成立后违法强制执行信托财产的，信托监察人可向人民法院提出异议；[②] 其三，有权申请人民法院取消受托人作出的违反信托目的的信托财产处分行为，或者提出补偿损失和恢复信托财产原状的请求；[③] 其四，有权查阅与处理与信托事务相关的文件并要求受托人作出说明，[④] 值得注意的是，监察人除了按照《信托法》第20条规定的权利之外，即有权了解信托财产的管理运用、处分及收支情况，并有权要求受托人作出说明，有权查阅、抄录或者复制与信托有关的信托账目以及处理信托事务的其他文件之外，还可以根据《信托法》第67条的规定，对于受托人所作出的至少每年一次的信托事务处理情况及财产状况进行认可；其五，受托人终止职责时，对其提出的有关信托事务处理的报告书有认可权；[⑤] 其六，公益信托终止时，对受托人作出的有关信托事务处理的清算报告书有认可权等。[⑥] 公益信托监察人可以行使上述权利，但是信托监察人只能以自己的名义对公益信托实施监督，不能行使受益人对信托利益的请求权。

---

① 我国《信托法》第65条。
② 我国《信托法》第17条。例外第56条。
③ 我国《信托法》第22条。
④ 我国《信托法》第20条。
⑤ 参见我国《信托法》第41条的规定。
⑥ 参见我国《信托法》第71条的规定。

四　公益信托的终止和近似原则

（一）公益信托的终止

我国《信托法》关于公益信托的终止情形没有特别规定，应该适用该法关于私益信托终止情形的规定。根据《信托法》第53条的规定："有下列情形之一的，信托终止：（一）信托文件规定的终止事由发生；（二）信托的存续违反信托目的；（三）信托目的已经实现或者不能实现；（四）信托当事人协商同意；（五）信托被撤销；（六）信托被解除。"但是对于第四项内容，信托当事人协商同意终止信托的，不应该适用于公益信托。众所周知，公益信托的受益人是不特定的社会公众，所以公益信托的当事人无法经过协商达成一致同意终止信托。对于第六项内容，即信托被解除也值得商榷。《信托法》第50条关于信托解除的规定只适用于自益信托，不适用于公益信托；① 根据《信托法》第51条规定，设立信托后，如果受托人对委托人有重大侵权行为，或者受益人同意，或者信托文件规定的其他情形下，委托人可以解除信托。在公益信托中，受托人对委托人有重大侵权行为的，应该根据《信托法》第68条的规定，由公益事业管理机构变更委托人，而非解除信托；公益信托也不可能经过受益人同意而解除，理由同不能经过当事人协商同意终止的情形；对于信托文件有规定的情形，则可以归于信托终止的第一种情形。因此，综合考虑之下，适用公益信托的终止情形应该有四种。

其一，信托文件规定的终止事由成立的，这些事由可以是一定期限的经过，也可以是特定事由的出现。其二，信托的存续违反信托目的的，例如支持某一处理垃圾方式的公益信托，其目的在于环境保护，

---

① 委托人是唯一受益人的，委托人或者其继承人可以解除信托。

但是事后发现这一处理垃圾的方式本身也污染环境，在这一情形下，应该从广义上来理解公益信托的目的。其三，信托目的已经实现或者不能实现。公益信托是为特定公益目的而设立的信托。如果公益目的已经实现，或者公益目的没有实现的可能性，那么该信托也就没有存在的必要。例如，防治某一疾病的公益信托运行一段时期后，该疾病已经被杜绝，应该认为该公益信托的目的已经实现；或者以给某个大学的贫困生设立助学金为目的的公益信托，由于该大学被废止，那么该目的也就无法实现。其四，信托被撤销。根据《信托法》的规定，信托被撤销的情形是指：委托人设立信托损害其债权人利益的，债权人有权申请人民法院撤销该信托。那么如果某一公益信托的设立损害了债权人利益，债权人也有权根据本法的规定申请人民法院撤销该信托。另外一种情况属于公益事业主管机构撤销许可。例如公益信托有违反设立许可条件、监督命令或者其他有害公益的行为时，或者连续有若干年没有活动的情形时，公益事业主管机构有权撤销其所核发的设立许可。

根据我国《信托法》规定，公益信托终止的，受托人应该作出处理信托事务的清算报告，经信托监察人认可之后，报公益事业管理机构核准，并由受托人予以公告。[①] 信托终止后，公益信托受托人应制作处理信托事务的报告。其中应该对其履行职责进行总结，并对信托财产管理运用所产生的债权债务作出客观说明。尽管在关于私益信托终止的程序规定上，我国法律也要求作出处理信托事务的清算报告，[②] 但是对公益信托的受托人的报告的审核程序要复杂得多。首先，公益信托受托人所作的清算报告应当交给信托监察人；其次，本条规定处理信托事务的清算报告应当经信托监察人认可后，报公益事业管理机构核准，这里体现了国家对公益信托的监督管理；最后，公益信托受

---

① 参见我国《信托法》第71条的规定。
② 我国《信托法》第58条规定，信托终止的，受托人应当作出处理信托事务的清算报告。

托人作出的处理信托事务的清算报告经过上述程序，报公益事业管理机构核准后，由受托人予以公告。公告的程序是为了让社会公众了解公益信托的处理情况，对公益信托的清算报告进行监督。

公益信托终止的法律后果如下。

其一，剩余财产的归属。一般信托终止之后，根据我国《信托法》第 54 条的规定，信托财产归属于信托文件规定的人；信托文件未规定的，按下列顺序确定归属：（1）受益人或者其继承人；（2）委托人或者其继承人。公益信托终止时，如果信托文件规定有剩余财产归属人的，从其规定；如果没有信托财产权利归属人或者信托财产权利归属人是不特定的社会公众的，经公益事业管理机构批准，受托人应当将信托财产用于与原公益目的相近似的目的，或者将信托财产转移给具有近似目的的公益组织或者其他公益信托。这就是"近似原则"。

其二，法定信托。我国《信托法》第 55 条规定，信托终止后，信托财产的归属确定后，在该信托财产转移给权利归属人的过程中，信托视为存续，权利归属人视为受益人。这一条规定也适用于公益信托，即在公益信托终止时，在该信托财产转移给权利归属人的过程中，信托视为存续，权利归属人视为受益人

（二）近似原则

Cy-pres 出自诺曼时代法兰克语，意为"尽可能靠近"，可翻译为"近似原则"。这一词尽管出于中世纪，但是作为法律原则实起源于罗马，并在查士丁尼法典中得到了体现。[1] 这一原则认为，在施主的直接资助目标不能达到时，有信托权的组织者可以征集其所施，并用之于"最近似于施主原意的其他目的"。[2] 16 世纪中叶到 17 世纪初，英

---

[1]　N. Alvey, *From Charity to Oxfam: A Short History of Charity and Charity Legislation*, London, 1995, p. 8.

[2]　秦晖：《政府与企业以外的现代化——中西公益事业史比较研究》，浙江人民出版社，1999，第 112 页。

国衡平法院为尊重立遗嘱人之最终意思表示，对于以遗嘱设立的公益信托予以扩张或从宽解释，确立起来一种弥补遗嘱内容欠缺的补充法则，即近似原则。最早确认并适用 cy-pres 原则的英国案例为 1584 年的 *William Frenche and other Inhabitants of Laysloft in Suffolk v. Tetter* 案。发展至今，称为近似原则，是指公益信托在设立后，若因社会变迁或法律变更，信托依原定目的执行发生不可能、不适宜或有违法情事，如果委托人在设立信托时，有为一般公益的意思表示，则该信托的信托财产可被转用于接近委托人原意的其他公益目的，而不使该信托无效或消灭。此一原则至今已经被推广适用于信托之外其他公益组织或事业，并被英美立法所确认。近似原则的适用范围也逐渐扩大。在美国早期，必须要求是有效的信托，因情事变更，原信托目的违法、不可能或者不能实现，才适用近似原则；后来发展到在信托目的实现而有剩余财产的情况下也可以适用。从早先的法官必须推定委托人有一般公益意愿的情况下适用，发展到由立法一概推定委托人有这样的意愿。从早期的仅仅适用于信托，发展到也适用于其他公益组织形式，包括非营利法人。

我国台湾地区"信托法"、日本《信托法》、韩国《信托法》、加拿大《魁北克民法典》在移植信托制度时，在公益信托制度上都有关于近似原则的规定。例如《魁北克民法典》第 1298 条规定："因信托目的不能达到而终止的公益信托的财产，由法院根据受托人的建议，制定移交于尽可能接近该信托目的的信托、法人或任何社团。法院也应听取任何被法律指定监督信托的人或社团的意见。"我国台湾地区"信托法"第 79 条规定，公益信托在信托关系消灭之际，如无信托财产归属权利人，目的事业主管机关得为相似之目的，使信托关系存续，或使信托财产转移于有类似目的之公益法人或公益信托。日本《信托法》第 73 条规定："公益信托终了，无信托财产之权利归属之人时，主管机关得依信托本旨，为类似之目的，使信托存续之。"韩国《信托法》与日本《信托法》的规定几乎一样。①

我国《信托法》第72条被视为对近似原则的规定，即在公益信托终止时，没有信托财产权利归属人或者信托财产权利归属人是不特定的社会公众的，经公益事业管理机构批准，受托人应当将信托财产用于与原公益目的相近似的目的，或者将信托财产转移给具有近似目的的公益组织或者其他公益信托。具体适用条件如下。

（1）公益信托终止。包括信托文件规定的终止事由发生的；信托的存续违反信托目的的；信托目的已经实现或者不能实现，和公益信托被撤销。（2）公益信托无财产归属人或者财产归属人是不特定公众的。这是指，如果在公益信托的信托文件中明确了公益信托终止后的信托财产权利归属人的，那么自然不适用近似原则；但是如果信托文件中没有明确信托财产权利归属人或者明确规定信托财产归属于社会公众的，那么就适用近似原则。（3）经过公益事业主管机构的批准。这是因为在适用近似原则时，在有些方面会存在争议。例如是否存在信托财产权利归属人？与原目的相近似的目的是什么？信托是应该变更原目的为相近似的目的继续存续下去还是将信托财产移交给其他公益组织或者公益信托？若确定移交，那么应该移交给哪个具体的公益组织或者公益信托？这些问题都有待公益事业主管机构来确定和批准。（4）相近似的目的。判断某一目的是否与原先公益目的相类似的权限也在于公益事业主管机关。这里所称"类似目的"，是指与公益信托的信托行为所定目的相近似的具体目的。因此，原以济贫为目的设立的公益信托，一般不能更改为教育目的；而且虽然同为宗教目的或教育目的，以捐助佛教为目的设立的信托，其剩余财产不能转移捐助给其他宗教，例如伊斯兰教、基督教；而以奖助国学研究为目的成立的信托，一般也不可变更为天体研究。

---

① 韩国《信托法》第72条规定了公益信托的存续。"公益信托终了时，无信托财产之归属权利人时，主管机关可依信托本旨，为类似目的而使信托存续。"

适用近似原则的法律后果有三种可能：其一，根据"近似原则"成立一个具有与公益目的相近似目的的公益信托；其二，将信托财产转移给具有近似目的的其他公益信托；其三，将信托财产转移给具有近似目的的公益组织。

【本章小结】 纸上谈兵的公益信托规范

我国关于公益信托的现行规范可以总结如下。

其一，公益信托的设立问题主要讨论法律是否需要设有准入制度（俗称"门槛"）。法律首先会规定设立信托的有关要件。与私益信托比较，公益信托在设立问题上有更多的限制和要求。公众献出自己的财产从事公益事业，应该是社会所需要提倡的，也应该为法律所鼓励。那么为什么在制度设计上却要设置障碍呢？从公益信托的设立许可条件中，我们看到很多的限制：信托目的合法和具有公益性；信托财产确定且合法；设立信托应该采取书面形式；对信托文件的载明事项有明确规定；法律有规定的信托财产应该进行登记；等等。甚至除了这些，还需要公益事业主管机关的许可，对受托人资格的审查，还有对公益目的的重重审查。理由也是不言自明的。公益信托成立之后，因其公益性也将得到社会的支持和政府的税收优惠。如果不在设立这里设立一定的要件，那么势必会导致公益信托成为避税的合理通道。对于那些可以接受公众捐赠的公益信托，更要有一定的筛选，尽管营利机构的诈骗行为也不鲜见，但非营利领域的责任缺失更容易招致公众的不满。因为"两者的区别在于：人们正在学习鉴别和防范日常生活中的邪恶。当这种邪恶伪装为善行而潜入的时候，我们的感觉是受到莫大的侮辱"。由于公益信托的财产管理运用都有赖于受托人，所以对受托人资格的审查很有必要，应该选择那些具备适当管理运营能力、有良好的信用以及丰富的从事信托管理的经验的受托人。对公益信托的公益目的的判断是确定其能否享受税收优惠的重要因素，所以立法以尽可能详尽的方式来进行规定。但是在具体个案问题上还得依赖专管机关和法院的自由裁量。所以在公益信托的设立问题上，既要肯定和鼓励委托人从事公益事业的热情，也要消除那些通过公益信托满足私利的企图。

其二，在信托制度中，受托人是整个制度构造中的重点。这一点在公益信托中也不例外。信托一旦设立，委托人将其财产转移给受托人，由受托人进行管理运用和处分。委托人之所以将这些财产从自己的财产中独立出来，设立信托，其目的在于相信这样的财产安排最能够实现自己所欲达到的目的，例如认为受托人比自己更为专业、更有经营管理能力、更能实现财产的保值增值等；例如认为在公益信托中，受托人具有更好的判断力和执行力，能够帮助自己实现从事公益事业的目的等。正是基于这样的信赖，受托人拥有很大的权限和自主空间。只要在法律和信托文件所规定的框架内，可以对信托财产进行处分。但是我们无法无视受托人的道德风险。在这样的自由空间内，如何保证受托人能够忠于信托文件，为受益人的利益或者信托目的尽到足够的谨慎义务？如何保证受托人不会以信托财产为自己谋取利益？"道德冲突赤裸裸地反映出人性的善恶两面。我们在爱与无私、勇敢、艺术与科学的天赋，以及诚信、荣耀与责任感的行为中看见善的一面，并在憎恨、贪婪、暴虐、压迫、怯懦与不诚实的行为中看见恶的面。从盘古开天以来，善恶两股势力的拉锯一直是人类大战的核心。天人交战不仅发生在每个有良知的个人身上，也发生在个体与群体之间。我们还看到这些冲突发生在全世界各种形式的政府当局身上，而现代企业领域自然也难以避免。"① 在信托领域也无法避免。因此法律为规制受托人的行为设立大量的规则：受托人的义务——善良管理人的注意义务、忠实义务、分别管理信托事务的义务、亲自管理信托事务的

---

① 〔美〕小约翰·科利、贾桂琳·多勒、乔治·罗根、华勒士·史丹特纽斯等：《公司治理：健全公司治理机制提升企业与国家竞争力》，戴至中、陈正芬译，美商麦格罗·希尔国际出版公司台湾分公司，2003，第28页。

义务以及其他义务等等。

其三，公益信托是信托中的一个分支，所以在受托人义务的规定上，适用信托法对于受托人的一般性规定。当然公益信托有其自身的特点，因为其设计不是为了特定受益人的利益，而且其宗旨昭示着委托人意欲通过这样一个管道实现自己的公益心，所以，受托人会有一些特殊义务，有体现在其要取得免税资格时的申报义务，公益信托终止时的报告义务和清算义务，等等。但是总体而言，在受托人制度设计上不存在本旨差异。值得进一步思考的是，以其他形式（例如非营利法人形式、非法人非营利社团形式）从事公益事业时，这些非营利组织本身就有组织机构，发起人本身往往也参与非营利组织的运行和管理，并能够适时调整相关方针。而且在非营利法人内部，还存在相关的机关来达到一种权力制衡。可是在信托设计中，尤其在公益信托设计中，不存在这样的权力制衡。委托人尽管被授予一些权利，但是毕竟无法与受托人所拥有的权限和信息抗衡。这就要求法律在规定受托人义务时需要考虑得更为细致和详尽。还需要指出的是，如果私益信托还存在受益人来予以制约的话，在公益信托上，也不能寄希望于此。所以，就需要在公益信托当事人之外，设置一定的机构来监督受托人。

其四，如果说法律对公益信托受托人的信赖义务的规定与私益信托差异不大的话，那么在监督管理环节上，公益信托与私益信托的区别就非常显著。理由就在于公益信托中涉及社会公共利益，公益信托中不存在确定的受益人，因此在私益信托中赋予受益人的那些权利就由社会公共利益的代表来行使，在英国是慈善委员会，在美国是州检察长，在大陆法系则为主管机关，在我国则为公益事业管理机构。这些机构所行使的权利代表了两方面的正当性：一方面，代表作为受益人的一般社会公众行使受益人的权利；另一方面，出于对社会公共利益的考量，代表国家公权力对公益信托进行监督管理。

在具体问题阐述上，英美法注重发挥慈善委员会、检察长和法院的职能，对委托人和受托人的权利关注不够。尽管近期以来也有所拓展，但是尚未上升到制定法的层面。而大陆法系在移植公益信托制度时，在监督管理方面有不少制度创新：在公益信托内部设立信托监察人，确定主管机关的权限，明确其与法院之间的分工，还赋予了委托人和受益人以较大的职权。这些无疑对公益信托的监督机制的建立有利。

其五，近似原则的存在最先从推导委托人的意志而来。公益信托的设立是出于委托人的意思表示（无论是以契约还是遗嘱）。其愿意从事何种类型公益事业，由委托人在信托行为中予以明确。这也是财产所有权自由处分的一种表现。如果根据私益信托的规则，法律规定若没有明确信托财产归属人的，就按照受益人及其继承人、委托人及其继承人的顺序来确定归属；但是当公益信托因为种种缘由而终止时，则无法适用这一规则，因为公益信托的受益人是不特定的社会公众，因此法律上通过近似原则来继续实现委托人的意愿。这也就意味着，如果公益信托没有明确信托财产归属人的，则将由特定的机构（法院或者目的事业主管机关）来确定相类似的目的，使公益信托存续下去。这一原则自创制至今，也经历了发展过程。适用范围日益拓宽，以至于从早先的法官必须在推定委托人有一般公益意愿的情况下适用，发展到由立法一概推定委托人有这样的意愿，从早期的仅仅适用于信托，发展到也适用于其他公益组织形式包括非营利法人。这样的发展并不意味着对委托人意愿的违背。所以在原则的适用上，对"相类似目的"的确定至关重要，因为只有这样才不至于违背信托设立人的初衷。

但是，这些制度终归未能在实践中鲜活起来。究其原因，第一，《信托法》中规定了公益信托的原则和一般规则，但是没有明确相关事项，导致法律规定缺乏可操作性而难以适用。按照《信托法》的规定，公益信托管理中很多事项，例如公益信托的设立和确定、公益信托受托人的辞任、受托人的变更、公益信托的检查、公益信托目的的变更、公益信托的终止①等都需要管理机构的批准和监督；但目前尚未确定究竟由哪个政府部门作为公益事业管理机构，致使公益信托的设立和管理无从谈起。第二，国家没有为公益信托提供税收优惠政策。《信托法》第 61 条只作了原则性规定："国家鼓励发展公益信托。"但是具体鼓励发展公益信托的措施，例如税收措施还没有出台，在一定程度上影响了个人和组织设立公益信托的积极性。② 当然民众对于信托的陌生感也是原因之一。

于是，当慈善立法启动时，就有了在慈善法中规定慈善信托的立法提议，该提议最终为立法所采纳。

---

① 分别参见《信托法》第 62、66、68、67、69 和 70 条的规定。

② 国家税务总局、财政部于 2007 年 1 月 8 日通过的《财政部、国家税务总局关于公益救济性捐赠税前扣除政策及相关管理问题的通知》中赋予符合条件的社会团体和基金会以捐赠税前扣除资格。此后，《企业所得税法》及其实施细则中对于符合条件的非营利组织的收入以及公益捐赠人的税收优惠政策也予以了明确。但是这些规定都没有涉及公益信托。

第四章 《慈善法》中的慈善信托

　　2016 年 9 月 1 日实施的中国《慈善法》专章规定了慈善信托，旨在激活信托机制在慈善领域的运用。尽管与《信托法》的相关规定有叠床架屋之嫌，但是无论怎样，一种崭新的从事慈善事业的路径得以因此确立并为实践所争相采用，无疑利大于弊矣。迄今为止，已经有二百多支慈善信托在各地纷纷备案成功，而且有不少已经开始执行公益项目。然而，《慈善法》囿于慈善领域基础法律的定位，对于慈善信托的规定只能浅尝辄止，大量规范依然要遵循《信托法》之规定。但是即便有《慈善法》和《信托法》的相关规定，在法律事实层面尚有太多问题未能明确而造成实践中的重大障碍，诸如信托财产的独立性和分别管理的相关规则（尤其是慈善组织担任受托人的情形之下）、非货币财产设立信托的财产转移方式与公示方式、慈善信托受托人为多人时的备案受阻、慈善信托的备案事项变更规定不明确、慈善信托监察人制度的语焉不详、共同受托人的权限及义务责任、受托人亲自管理信托事务的义务与某些权限的转委托、受托人的义务标准、慈善信托的募捐资格问题、慈善信托的税收政策等等，不胜枚举。本章将着重阐释《慈善法》中的慈善信托，并意图厘清其与《信托法》中的公益信托之间的关系。

一　慈善信托发展现状

　　《慈善法》中对慈善信托的规定历经一波三折。《慈善法》第一次审议稿草案中并无任何关于慈善信托的规定，二审稿则将慈善信托简化为两条置于慈善财产一章之中，直到三审稿乃至最后通过的法律文本中，慈善信托方得以专章规定。《慈善法》制定之后，为了慈善信托制度的落地与发展，出现了一些配套制度。在中央层面，分别有两个规范性文件，第一个是在《慈善法》施行前夕（2016 年 8 月 25 日），民政部和银监会联合发布的《关于做好慈善信托备案有关工作的通知》（民发〔2016〕151 号），以配合《慈善法》正式施行时慈善信托的实践；2017 年 7 月，银监会和民政部以发布通知的方式印发《慈善信托管理办法》（银监发〔2017〕37 号），这个文件是慈善信托实践的具体操作指南，比较细致全面地建立起慈善信托的基本制度体系。在地方层面，2016 年 10 月，北京市民政局印发了《北京市慈善信托管理办法》（京民慈发〔2016〕385 号），这是有关慈善信托的第一个地方规范性文件，之后北京又建立了慈善信托专家研判机制等，配合慈善信托在北京的实践。2017 年 10 月，江苏省民政厅与中国银监会江苏监管局印发《江苏省慈善信托备案管理暂行实施办法》，详细落实在江苏的慈善信托实践；同年 12 月，江苏省人大常委会通过《江苏省慈善条例》，专章规定慈善信托。安徽省民政厅也于 2018 年 3 月公布《安徽省慈善条例（征求意见稿）》，向社会公开征求意见。这些中央与地方的规范性文件构成了目前慈善信托实践的法制环境。

2016 年 9 月 1 日《慈善法》施行之前，因为缺乏《信托法》有关公益信托的配套制度，鲜有真正的公益信托产品问世。2008 年汶川大地震之后，银监会办公厅曾发布《关于鼓励信托公司开展公益信托业务支持灾后重建工作的通知》（银监办发〔2008〕93 号），之后，才有西安信托（现长安信托）、重庆信托等几家设立过为数不多的公益信托。2016 年 3 月 16 日《慈善法》通过以后，就有数家信托公司积极筹备设立慈善信托。2016 年 9 月 1 日《慈善法》施行当天，北京等地就有 7 单慈善信托成功备案（见表 4.1）。

表 4.1 2016 年 9 月 1 日《慈善法》施行当日成功备案的慈善信托

序号	名称	备案单位	委托人	受托人	财产规模（万元）	信托期限	信托目的
1	国投泰康信托 2016 年国投慈善 1 号慈善信托	北京市民政局	国家开发投资公司	国投泰康信托	3000	5 年	贫困地区群众生活改善、教育支持
2	中国平安教育发展慈善信托计划	深圳市民政局	深圳市社会公益基金会、任汇川等八位自然人	平安信托	1007 6	无限期	用于教育发展等慈善事业
3	华能信托尊承槿华慈善信托计划	贵阳市民政局	未披露	华能贵诚信托	1000	不少于 12 个月	各类慈善公益事业
4	国投泰康信托 2016 年真爱梦想 1 号教育慈善信托	北京市民政局	多位自然人	国投泰康信托	82	3 年	促进发展中小学校素养教育
5	中诚信托 2016 年度博爱助学慈善信托	北京市民政局	多位自然人	中诚信托	33	5 年	促进贫困地区发展教育事业，帮助贫困学生完成学业等
6	兴业信托·幸福一期慈善信托	福建省民政厅	兴业信托工会委员会	兴业信托	11	永续	用于符合《慈善法》所规定的慈善活动，发展中国的公益慈善事业
7	长安慈·山间书香儿童阅读慈善信托	西安市民政局	陕西省慈善协会	长安信托	5	10 年	旨在发展文化教育事业，培养儿童阅读兴趣，改善阅读条件，促进儿童全面发展

根据全国慈善信息公开平台数据统计，截至 2019 年 10 月 30 日，备案设立的慈善信托已经达到 230 只，总规模为 23.42 亿元。其中 2016 年备案 22 只，信托财产规模为 2.5 亿元；2017 年备案 45 只，信托财产规模为 5.97 亿元；2018 年备案 87 只，信托财产规模为 11.3 亿元；2019 年前十个月备案 76 只，信托财产规模为 3.65 亿元。从目前数据尚无法得出客观的年度增长率。在《慈善法》规定的两类受托人中，受托人以信托公司为主，尽管有超过十个慈善组织也担任了慈善信托的单一受托人，但是与经认定的慈善组织数量（截至 2019 年 8 月底，慈善组织数量达到 5511 家）相比较，占比甚低。而慈善信托设立的相关制度障碍也屡屡为各个研究机构和学者提及：其一，慈善信托的税收优惠政策迟迟未能明朗；其二，信托财产登记制度依然是阻碍慈善信托的财产多元化的主要障碍；其三，《慈善法》中关于慈善信托受托人的规定不当限缩了受托人范围；其四，慈善信托设立环节有行政许可化倾向；其五，配套制度不完善，例如信托账户、募捐资格等规定未能明确；等等，不一而足。

二 《慈善法》关于慈善信托的特殊规范

（一）慈善信托之界定

《慈善法》所规定的慈善信托是指委托人基于慈善目的，依法将其财产委托给受托人，由受托人按照委托人意愿以受托人名义进行管理和处分，开展慈善活动的行为。此规定脱胎于《信托法》中关于信托的规定，只是强调了需要基于"慈善目的"，同时明确慈善信托属于公益信托。事实上将公益信托与慈善信托的关系确定为种属关系。然而未能解决这两个问题：其一，如何理解《慈善法》中的"慈善目的"和《信托法》中关于"公益事业"的规定之间的关系？其二，既然公益信托的外延大于慈善信托，那么是否存在不属于慈善信托的公益信托呢？本章将在第三部分重点阐述这两个问题。

（二）慈善信托的设立

《慈善法》规定了慈善信托的设立需采取书面形式，根据《信托法》的相关规定，这就意味着慈善信托的书面形式包括合同、遗嘱和法律、行政法规规定的其他书面形式。除此之外，与公益信托设立不同的是，慈善信托采取了备案制。根据行政法学原理，行政备案是指行政主体依据行政法律法规，接收行政相对人按照法定程序和格式提交的备案申请材料，在法定时间内形式审查报备资料，对合法的申请进行备案，并将该材料存档以备事后监督的行政管理行为。行政备案制度不属于行政许可的范畴，也应与行政登记相区别。但是从目前来看，各地民政部门对于慈善信托的备案有向行政许可演变的迹象。

（三）慈善信托的受托人及其变更

《信托法》中关于受托人的规定，只要求是具备完全民事行为能力的自然人或者法人，但是《慈善法》中对于慈善信托受托人的规定只限于慈善组织和信托公司。这不仅将所有自然人排斥在外，而且将慈善组织和信托公司之外的其他法人也悉数排除。

《慈善法》还规定受托人违反信托义务或者难以履行职责的，委托人得以变更受托人。只是需要履行相关手续，即需将变更情况七日内报原备案的民政部门重新备案。《信托法》中规定了委托人解任受托人的情形，即在受托人违反信托目的处分信托财产或者管理信托财产有重大过失时，可以依据信托文件直接或者申请人民法院解任受托人。但是《慈善法》的规定比《信托法》的规定更为宽泛，不仅以抽象的"违反信托义务"来涵盖比《信托法》的规定更为多样的行为，而且增加了"难以履行职责"的情形。这是出于保障委托人权利的考量，使得慈善信托的委托人比单纯的捐赠人拥有更为充分和完整的监督受托人的权利。

（四）重申了受托人的义务，并且强调其报告和披露信息的义务

毫无疑问，慈善信托的受托人需要承担信托受托人应该承担的各种义务，包括注意义务、忠实义务、亲自管理信托财产的义务、分别管理信托财产的义务等等诸多义务。《慈善法》第48条的一般性规定只是重申了《信托法》第25条的规定，尽管措辞略有不同。值得注意的是，该条强调了慈善信托受托人的报告义务，即要求及时向委托人报告信托事务处理情况、信托财产管理使用情况，同时要求每年至少一次将信托事务处理情况向其备案的民政部门报告，且向社会公开。《慈善法》在关于慈善信息公开的规定中，进一步要求慈善信托受托人应该依法履行信息公开义务，信息公开应当真实、完整和及时；还要求慈善受托人须向受益人告知其资助标准、工作流程和工作规范等信息。当然这些信息公开均不能泄露国家秘密、商业秘密和个人隐私。

（五）慈善信托监察人的设立采任意主义

与公益信托必须设立信托监察人不同的是，慈善信托受托人的监察人由委托人根据自己意愿自由决定是否设立。尽管就实践情况而言，绝大多数已经备案的慈善信托设立了监察人，但是从这一规定得以窥探立法者的意图：慈善信托的监督机制除了信息公开机制之外，更多的是依赖于委托人的监督。

（六）确定法律适用原则

为了解决《慈善法》与《信托法》之间存在的法律适用上的潜在冲突问题，《慈善法》规定慈善信托的设立、信托财产的管理、信托当事人、信托的终止和清算等事项，第五章未规定的，适用本法其他有关规定，本法未规定的，适用《信托法》的有关规定。

三　重新审视公益信托与慈善信托

（一）慈善信托与公益信托之辩

其一，用语之辩。在术语选择上，《信托法》当初借鉴了日本《信托法》与中国台湾地区"信托法"，选择了公益信托的表述。根据笔者的考据，之所以弃慈善信托而取公益信托，不是立法者的偶然选择，而是有其规范意义。《慈善法》放弃公益信托而选择慈善信托，出于在同一部法律中术语选择的一致性考量，尽管根据笔者的考察，"公益信托"比"慈善信托"更符合事物本质。① 公益与慈善之区别在于公益更加强调受益人（或者受益对象）的不特定性，对特定人的救助不在公益范畴之内。

其二，关系之辩。在公益信托与慈善信托并存的情况下，两者之间是什么关系呢？立法者对此颇费踌躇，慈善法二审稿时的表述为："慈善信托即公益信托。"而到了最终审议通过的《慈善法》文本则将其表述修改为："慈善信托属于公益信托。"一词之差却表现出立法者对于两者之间关系的看法出现了本质转变，从将两者视为同一事物的不同称谓转变为种属关系。这就意味着尚有不属于慈善信托的公益信托的存在，而且慈善信托"应当符合信托法中关于公益信托的一般规定"的立法释义无疑更强化了这一关系。如果将慈善信托视为公益信托中的一部分，就意味着存在属于慈善信托的公益信托与不属于慈善信托的公益信托之分。那么这种区分的依据是什么呢？对此立法者未做出具体说明。从两者关系引申下去，就会引出公益信托的存废之辩，即在《慈善法》中规定了慈善信托之后，公益信托是否依然存在？随着种属关系的明确，存废之争也就烟消云散，既然慈善信托属于公益

---

① 具体内容请参见拙文《论公益信托之界定及其规范意义》，《华东政法大学学报》2015 年第 6 期。

信托，两者并存当属毋庸置疑。

其三，法律适用之辩。那么慈善信托究竟该适用《慈善法》还是《信托法》？对此，《慈善法》第50条的规定表明《慈善法》优于《信托法》。"慈善信托的设立、信托财产的管理、信托当事人、信托的终止和清算等事项，本章未规定的，适用本法其他有关规定；本法未规定的，适用《中华人民共和国信托法》的有关规定。"毕竟慈善信托是信托之一类，除了特殊规定之外，其基础信托关系依然适用《信托法》的规定。

（二）慈善信托与公益信托之辨

诚如上文所言，《信托法》中的公益信托与《慈善法》中的慈善信托究竟有何区别呢？对此有必要进行梳理和辨析。

其一，定义之辨。根据《信托法》的规定，公益信托是指为了《信托法》第60条所规定的公共利益目的之一而设立的信托。而《信托法》第60条所列举的公共利益目的是指："（一）救济贫困；（二）救助灾民；（三）扶助残疾人；（四）发展教育、科技、文化、艺术、体育事业；（五）发展医疗卫生事业；（六）发展环境保护事业，维护生态环境；（七）发展其他社会公益事业。"而《慈善法》规定的慈善信托是指"委托人基于慈善目的，依法将其财产委托给受托人，由受托人按照委托人意愿以受托人名义进行管理和处分，开展慈善活动的行为"。《慈善法》中尽管没有关于慈善目的的规定，但是《慈善法》第3条规定了慈善活动。在该条中，慈善活动是指自然人、法人和其他组织以捐赠财产或者提供服务等方式，自愿开展的下列公益活动："（一）扶贫、济困；（二）扶老、救孤、恤病、助残、优抚；（三）救助自然灾害、事故灾难和公共卫生事件等突发事件造成的损害；（四）促进教育、科学、文化、卫生、体育等事业的发展；（五）防治污染和其他公害，保护和改善生态环境；（六）符合本法规定的其他公益活动。"以开展慈善活动为目的即慈善目的。

其二，设立之辨。按照《信托法》规定，公益信托的设立需要经过公益事业主管部门的批准；而《慈善法》中的慈善信托则要求设立慈善信托经慈善事业主管部门备案即可，甚至即便不许可，也不妨碍慈善信托之设立，只是无法获得税收优惠政策而已。由此可见，设立公益信托采行政许可原则，而慈善信托设立则采自由设立原则。

其三，受托人之辨。《信托法》中的公益信托对于受托人并无特殊要求，即具有完全民事行为能力的自然人和法人都可以担任公益信托的受托人；而《慈善法》中的慈善信托的受托人只有两种：信托公司和慈善组织。

其四，信托监察人之辨。《信托法》中的公益信托要求凡公益信托均得设置监察人；而《慈善法》中关于慈善信托的监察人的规定则为任意性规范。

综上所述，慈善信托与公益信托各有特点，并未以慈善信托完全取代公益信托。两者差别以表4.2示意。

表4.2　慈善信托与公益信托的区别

比较项目	公益信托	慈善信托
法律依据	《信托法》	《慈善法》
设立原则	许可主义	自由设立/准则主义
目的	（一）救济贫困； （二）救助灾民； （三）扶助残疾人； （四）发展教育、科技、文化、艺术、体育事业； （五）发展医疗卫生事业； （六）发展环境保护事业，维护生态环境； （七）发展其他社会公益事业	（一）扶贫、济困； （二）扶老、救孤、恤病、助残、优抚； （三）救助自然灾害、事故灾难和公共卫生事件等突发事件造成的损害； （四）促进教育、科学、文化、卫生、体育等事业的发展； （五）防治污染和其他公害，保护和改善生态环境； （六）符合本法规定的其他公益活动
设立程序	批准制（行政许可）	备案制
主管机关	公益事业管理机构	县级以上人民政府民政部门

续表

比较项目	公益信托	慈善信托
受托人	应当是具有完全民事行为能力的自然人、法人。法律、行政法规对受托人的条件另有规定的，从其规定。受托人违反信托义务或者无能力履行其职责的，由公益事业管理机构变更受托人	可以由委托人确定其信赖的慈善组织或者信托公司担任。受托人违反信托义务或者难以履行职责的，委托人可以变更受托人
监察人	强制性规范：公益信托应当设置信托监察人。信托监察人由信托文件规定。信托文件未规定的，由公益事业管理机构指定	任意性规范：慈善信托的委托人根据需要，可以确定信托监察人
税收优惠	未规定	未报民政部门备案的，不享受税收优惠

（三）难以从民事信托中识别慈善信托

根据现行规定，《慈善法》除了对慈善目的有所规制之外，其他方面尚未使慈善信托具备有别于民事信托的特征。这意味着仅仅凭借《慈善法》的规范，慈善信托根本不具有获得税收优惠政策的正当性。而立法者选择设立时的备案制和监察人任意设立原则，均表明这一立场：根据《慈善法》规定设立的慈善信托并不能直接获得税收优惠政策。这一立法意图在《慈善法》第45条中获得确认，即规定未依法进行备案的慈善信托，不享受税收优惠。但是这一规定就逻辑而言，获得备案只是享受税收优惠的必要条件之一，而非充分条件。

（四）何以让慈善信托具备规范意义？

让慈善信托具备规范意义唯有公益性认定一途。所谓慈善信托的公益性认定，是指委托人基于慈善目的设立慈善信托之后，得以慈善信托的名义开展活动，但是并不当然获得税收优惠政策。只有当其通过公益性认定之后，方可享有税收优惠政策。关于公益性认定问题，将在本书第六章予以论证。

四　慈善信托规制之得失检讨

银监会和民政部门联合发布了《慈善信托管理办法》。《慈善信托管理办法》由于限于法律效力等级不高，又未能从规范意义层面上理解慈善信托，同时监管思路尚遗留着商业信托监管的浓重色彩，因此难免存在力所不逮的窘境。本节从《慈善信托管理办法》切入，剖析监管之得失，探讨监管之道。

(一)《慈善信托管理办法》的亮点

1. 法律适用的基本明确

《慈善法》实施之前，《信托法》中有关于公益信托的专章规定，但是法律明文规定设立公益信托和确定受托人需经过公益事业管理机构的批准，却未能明确由哪个政府部门来承担这一职责，[①]导致公益信托的设立困难重重，所以立法者希望在《慈善法》中激活信托机制在慈善领域的适用，从而在《慈善法》中专章规定了慈善信托。但这就意味着《慈善法》和《信托法》对于慈善信托/公益信托都有所规定，同时有两个术语来指称内涵几乎一致的客体——慈善信托与公益信托。根据相关法律法规，公益信托和慈善信托之间的区别如下。

一者，法律依据不同，慈善信托依据的是《慈善法》和《信托法》，公益信托则仅仅依据《信托法》。

二者，信托目的规定具体表述有所不同，但是大同小异。《信托法》第60条以具体罗列的方式规定了公益信托的目的，慈善信托则是以开展《慈善法》第3条所规定的慈善活动而设立的信托。两者比较，《慈善法》所规定的慈善活动的内容比《信托法》所规定的公益

---

① 参见《信托法》第62条规定："公益信托的设立和确定其受托人，应当经有关公益事业的管理机构（以下简称公益事业管理机构）批准。"

信托的内容更丰富些，例如多罗列了"扶老、救孤、恤病、优抚"等内容。

三者，设立的行政程序不同。设立公益信托，需经公益事业管理部门的批准，而设立慈善信托，需在受托人所在地县级以上人民政府民政部门备案；批准与备案是两种不同性质的行政行为，前者属于行政许可的范畴，后者则属于行政确认。

四者，受托人范围不同。公益信托的受托人为法人或者完全民事行为能力人，慈善信托的受托人则被限缩为慈善组织或者信托公司。

五者，信托监察人的设置不同。公益信托应当设置监察人。信托监察人由信托文件规定。信托文件未规定的，由公益事业管理机构指定。慈善信托的委托人则可根据需要来自主决定是否设立信托监察人，一旦设立了监察人，则由其"对受托人的行为进行监督，依法维护委托人和受益人的权益。信托监察人发现受托人违反信托义务或者难以履行职责的，应当向委托人报告，并有权以自己的名义向人民法院提起诉讼"[1]。

六者，信息公开方面的规定不同。《信托法》对于公益信托并无信息公开方面的强制性规定；而依据《慈善法》，慈善信托受托人应当在政府统一的慈善信息平台发布慈善信息，并对信息的真实性负责。[2] 慈善信托的受托人应当依法履行信息公开义务。信息公开应当真实、完整、及时。[3] 慈善信托的受托人应当向受益人告知其资助标准、工作流程和工作规范等信息。[4] 当然也有禁止公开的信息。[5]《慈

---

① 参见《慈善法》第 49 条。
② 参见《慈善法》第 69 条第三款。
③ 参见《慈善法》第 71 条。
④ 参见《慈善法》第 75 条。
⑤ 根据《慈善法》第 76 条的规定，涉及国家秘密、商业秘密、个人隐私的信息以及捐赠人、慈善信托的委托人不同意公开的姓名、名称、住所、通讯方式等信息，不得公开。

善信托管理办法》又更为细致地规定了慈善信托的信息公开问题。①

颇有意思的是，《慈善法》规定"本法所称慈善信托属于公益信托"②，这一界定使得两者之间为种属关系，即公益信托包含慈善信托。但是在法律适用问题上，优先适用《慈善法》的相关规定，诚如《慈善法》第50条规定如下："慈善信托的设立、信托财产的管理、信托当事人、信托的终止和清算等事项，本章未规定的，适用本法其他有关规定；本法未规定的，适用《中华人民共和国信托法》的有关规定。"

但是两部法律之间的罅隙并未因此完全弥合。因此对于《慈善信托管理办法》而言，就得在厘清慈善信托与公益信托之间关系的基础之上，明确慈善信托的具体法律适用问题。因此，《慈善信托管理办法》的内容大多是对《慈善法》和《信托法》规定的重申或者强调，行文中大段复制此两部法律的相关规定似乎也在所难免。值得肯定的是，监管者除了少数方面有紧缩解释法律的倾向之外，更多的是将争议问题搁置，允许实践先行尝试。甚至与此前银监会和民政部联合发布的《关于做好慈善信托备案有关工作的通知》（以下简称《通知》）相比，值得褒奖的是：《通知》中禁止信托公司和慈善组织之外的其他单位和个人以"慈善信托""公益信托"等名义开展活动，《慈善信托管理办法》及时予以纠正，只是禁止其以"慈善信托"名义开展活动。尽管仅仅从禁止性规定中剔除了"公益信托"，但是意义不可低

---

① 《慈善信托管理办法》第55条规定了政府部门的信息公开义务："民政部门和银行业监督管理机构应当及时向社会公开下列慈善信托信息：（一）慈善信托备案事项；（二）慈善信托终止事项；（三）对慈善信托检查、评估的结果；（四）对慈善信托受托人的行政处罚和监管措施的结果；（五）法律法规规定应当公开的其他信息。"第56条规定了慈善信托受托人的信息公开内容："受托人应当在民政部门提供的信息平台上，发布以下慈善信息，并对信息的真实性负责。（一）慈善信托设立情况说明；（二）信托事务处理情况报告、财产状况报告；（三）慈善信托变更、终止事由；（四）备案的民政部门要求公开的其他信息。"
② 《慈善法》第44条。

估，意味着在慈善信托之外，保留了其他主体依然可以成为公益信托的受托人的可能。

然而，令人有隔靴搔痒之感的是：触而不及的问题依然太多。例如《慈善法》监察人的设置规定是任意性规定（《信托法》中却规定公益信托必须设置监察人），所以《慈善信托管理办法》对此稍有涉及，却未能展开，但是实践中几乎所有的慈善信托都设置了监察人，缺乏监察人的必要规范；再如关于慈善信托受托人的义务问题，首先应该适用《信托法》的一般规定，然后就慈善信托受托人做出特殊规定，但是《慈善信托管理办法》中重复规定了《信托法》中所规定的若干受托人义务，忽略了慈善信托受托人的资格和义务方面的特殊性规定，实属遗憾。

2. 监管职责的基本厘清

与《信托法》中对于公益信托的受托人并无特殊规定不同的是，《慈善法》将慈善信托的受托人限缩为信托公司和慈善组织，而这两类组织又分别由银监部门和民政部门各自监管，所以慈善信托的监管职责的分配也引发了争议，随着《慈善法》的颁布实施和中央深改组将《慈善信托管理办法》交由银监会牵头起草，这一争论也就暂时告一段落。最终通过的《慈善信托管理办法》由银监会和民政部联合发文，也授权这两个部门进行解释。[①]

但是对此笔者一直持保留态度。严格意义上讲，慈善信托的主管部门应是民政部门，对其的监管应由民政部门负责，原则上与银监会无关，银监会只在信托公司担任慈善信托的受托人的情形下负有监管职责，但是也仅仅限于对主体资格及其行为的监管。这是根据慈善信托的性质和行政部门的职责所做出的判断。理由如下。

首先，就银监会的法定职责而言，慈善信托不属于其主管业务范围。银监会对信托公司等非银行金融机构的监管也是基于其作为金融

---

① 参见《慈善信托管理办法》第62条。

机构的主体资格或者业务活动的规范。慈善信托是与慈善组织（或者更为确切地说，慈善信托与基金会、社会团体、民办非企业单位一样，都属于慈善组织的一种基础组织形式）并行不悖的一种从事慈善事业的路径，而非单纯为慈善组织财产增值保值的方式，更非一种金融工具。

其次，就境外经验而言，无论是慈善信托发源地的英美国家还是后来移植该制度的日本、韩国或者我国台湾地区，慈善信托（或者公益信托）的监管都不属于金融监管部门的职责，均属于慈善事业主管部门或者目的事业主管部门的职责范畴之内。[①]

再次，从《慈善法》和《信托法》的规定来看，慈善信托的主管部门也非银监会。《信托法》规定公益信托的主管部门是公益事业主管部门，《慈善法》则明确为民政部门[②]。

《慈善信托管理办法》在此问题的规定上，可谓分寸感甚好。其对银监部门和民政部门的职责进行了相对清晰的分工负责的规定。例如第6条明确了银监部门和民政部门根据各自法定职责对慈善信托实施监督管理的原则，第47条明确银监会负责"信托公司慈善信托业务和商业银行慈善信托账户资金保管业务的监督管理工作"，而民政部门负责"慈善信托备案和相关监督管理工作"。其他章节基本上按照此原则和职责分工来进行具体规定，无论是第三章的备案环节还是第五章关于慈善信托的变更和终止，都明确规定由民政部门来负责。银监会可谓"不越法定职责一步"。

复次，对于具体分工负责的事项进行逐条规定，具体包括第49条、第50条、第51条、第54条和第55条，尽管这些条文行文时都采用民政部门和银监部门的一体表述，但是由于民政部门是最主要的监管部门，所以这里所呈现的其实是厘清银监部门的具体监管事项的

[①] 美国比较特殊，对于慈善信托的监管主要由税务部门负责。

[②] 参见《慈善法》第6条、第47条和第48条。

内容，包括：对担任慈善信托受托人的信托公司应当履行的受托职责、管理慈善信托财产及其收益的情况、履行信息公开和告知义务以及其他与慈善信托相关的活动进行监督检查；联合民政部门或委托第三方机构对慈善信托的规范管理、慈善目的的实现和慈善信托财产的运用效益等进行评估；可以与受托人的主要负责人和相关人员进行监督管理谈话，要求就受托人的慈善信托活动和风险管理的重大事项作出说明；接受并及时处理对受托人的投诉和举报；应当及时向社会公开下列慈善信托信息，慈善信托备案事项，慈善信托终止事项，对慈善信托检查、评估的结果，对慈善信托受托人的行政处罚和监管措施的结果，以及法律法规规定应当公开的其他信息。

最后，建立了与民政部门的经常性的监督协作机制，加强事中、事后监管，切实提高监管有效性。

3. 监管内容和方式的特殊考量

慈善信托不同于商业信托，不仅仅因其目的不同，更因为其逻辑起点不同。商业信托旨在营利，而且涉及金融业务，故对于商业信托的监管重在信息披露、兑付能力和受托人义务等方面；而慈善信托旨在慈善目的的实现，并不必然涉及金融业务或者金融行业，故对其的监管重在慈善资产的安全、目的限制规则的遵循和慈善宗旨的坚守。即便在信托公司担任受托人的情形之下也是如此。银监会在制定此管理办法时，不管其主观上是否认识到这一区别，在具体规则上还是有所体现的。

（1）关于免计风险成本和免予认购信托业保障基金的规定

《慈善信托管理办法》第45条所规定的"信托公司开展慈善信托业务免计风险资本，免予认购信托业保障基金"被认为是该管理办法中最大亮点之一。这一项规定无疑是正确的，但是不该被认为是鼓励措施，而是根据慈善信托的性质做出的特殊规定，即慈善信托本就不该计入风险资本，也不该认购信托业保障基金。

风险资本总额不得高于信托公司净资产的规定源于《信托公司净

资本管理办法》，所以如果慈善信托也纳入风险资本计算，则多多少少会压缩信托公司开展的其他商业信托的业务规模。而根据信托公司净资本管理的相关规定，"事务管理类信托"比"非事务管理类信托"的计提比例低得多，慈善信托尽管也要进行必要的资产增值保值，但是此并非慈善信托之要务，慈善信托的主要目的还是在于按照委托人意愿将信托财产用于慈善目的，其中包含大量的事务管理，且属于特定委托人设立的信托（不涉及公开募集资金），因此根据其性质本就不该纳入风险资本考虑。当然慈善信托设立之后，若要进行理财而加入信托公司的一些信托计划，该计划本身还是需要根据规定计算风险资本，慈善信托不计风险资本只是避免了重复计算而已（尽管商业信托也会如此处理）。关于信托业保障基金的规定则源于《信托业保障基金管理办法》以及随后规范性文件的规定，要求信托公司及其信托产品按照一定比例认购信托业保障基金，以建立市场化风险处置机制，防范信托风险。但是诚如上文所述，慈善信托并非信托公司所开展的某项信托计划，其本质上是被赋有慈善目的的信托，旨在按照委托人的慈善目的管理使用信托财产，本就无须认购信托业保障基金。当然，若某特定慈善信托需要加入信托公司的某个商业信托计划，该商业信托计划依然得根据相关规定认购信托业保障基金。

（2）关于慈善信托财产的管理和处分的规定

这些规定见于管理办法的第四章，内容可以分为两个部分：其一为信托财产管理和处分的一般性规定，例如关于受托人善管义务、受托人不得为自己谋利、分别管理信托财产义务、亲自管理信托事务义务、确保信托财产独立性以及受托人违反义务之后的赔偿责任等规定，与《信托法》中的相关规定并无二致；[①] 其二是针对慈善信托的特殊规定。此类规定显得较为单薄。此章中仅仅规定了目的限制规则，即

---

① 参见《慈善信托管理办法》第 24 条到第 33 条。

要求"慈善信托财产及其收益，应当全部用于慈善目的"①。而对于慈善信托其他特殊性财产规则几乎毫无涉及。例如作为受托人在执行慈善项目时的相关规则，或者受益人确定规则（仅仅规定了"委托人不得指定或者变相指定与委托人或者受托人具有利害关系的人作为受益人"）等内容鲜有涉及。有一些基于慈善信托财产安全性而附加的特殊规定，例如强制信托资金进行银行托管，以及要求慈善信托财产进行低风险投资的规定。这些内容依然是围绕着信托财产的保值增值而言，并不属于慈善信托在慈善目的实现层面的具体内容。

可见，《慈善信托管理办法》的起草者们对于慈善信托的理解在很大程度上受到商业信托监管的路径依赖的影响，即便是符合慈善信托性质的一些规定，也被视为鼓励措施。

4. 填补法律规定之空白，增强可操作性

慈善信托在国内是新生事物，因此各地在探索过程中对于法律规定的理解不尽相同。尤其在一些法律规定不明确的问题上，积极推动者、浅尝辄止者和观望者都大有人在。《慈善信托管理办法》未继续采取回避态度，尽其所能应对了现实中存在的诸多疑惑。

其一，明确了多受托人模式，并且对于多受托人的慈善信托明确了备案责任主体。实践中尽管已经有多只由信托公司和慈善组织共同担任受托人的慈善信托，但是不少地方民政部门仍不敢尝试这一模式，如今《慈善信托管理办法》无疑宣布这一模式的正当性，并且为了使其能够具有可操作性，第17条规定"同一慈善信托有两个或两个以上的受托人时，委托人应当确定其中一个承担主要受托管理责任的受托人按照本章规定进行备案。备案的民政部门应当将备案信息与其他受托人所在地的县级以上人民政府民政部门共享"。

其二，对于信托变更做出了细致规定。《慈善信托管理办法》除了第37条规定了在"慈善信托的受托人违反信托文件义务或者出现依

① 参见《慈善信托管理办法》第23条。

法解散、法定资格丧失、被依法撤销、被宣告破产或者其他难以履行职责的情形时，委托人可以变更受托人"之外，还规定"根据信托文件约定或者经原委托人同意，可以变更以下事项：（一）增加新的委托人；（二）增加信托财产；（三）变更信托受益人范围及选定的程序和方法；（四）国务院民政部门和国务院银行业监督管理机构规定的其他情形"。

这在一定程度上避免了受托人频繁进行慈善信托备案的麻烦，但是也存在值得商榷之处：对于慈善信托设立之后是否可以增加新委托人的问题，学界一向存在争论。一般认为，慈善信托设立之后再将资金投入慈善信托之中的主体，一般不被认为是委托人，而应该被视为慈善信托的捐赠人，其对于慈善信托的信托文件所确定的事项只能完全认同，所享有的是捐赠人的权利，而无法行使《信托法》中赋予的委托人的权利。

其三，明确了慈善信托终止的具体程序。关于终止事由，《慈善信托管理办法》第 40 条基本上是《信托法》第 53 条的复制，但是第 41 条和第 42 条对慈善信托终止的具体程序进行了细致规定。

（二）《慈善信托管理办法》的主要缺陷

1. 对于同为受托人的信托公司和慈善组织，有厚此薄彼之嫌

其一，信托财产投资范围的规定倾向于信托公司，而非慈善组织。

《慈善信托管理办法》第 30 条规定："慈善信托财产运用应当遵循合法、安全、有效的原则，可以运用于银行存款、政府债券、中央银行票据、金融债券和货币市场基金等低风险资产，但委托人和信托公司另有约定的除外。"

"合法、安全、有效"的增值保值原则源于 2004 年通过的《基金会管理条例》[①]，该条例对于基金会进行增值保值的活动予以了肯定，

[①] 参见《基金会管理条例》（2004 年）第 28 条规定："基金会应当按照合法、安全、有效的原则实现基金的保值、增值。"

但是同时要求其遵循"合法、安全、有效"的原则。然而对于这一原则的具体阐释直到 2012 年民政部出台《关于规范基金会行为的若干规定（试行）》① 时才有所依据。② 《慈善法》在规定慈善组织的财产规则时也沿用了这一原则。因此《慈善信托管理办法》中对于信托财产的原则性规定无疑是遵循了《慈善法》的相关规定。

但是，《慈善法》并未具体规定慈善组织财产的投资方向，而是笼统规定了一些原则性限制，然后授权民政部门出台具体办法予以落实。③ 《慈善信托管理办法》对于信托财产的投资方向则作出了更为严格的规定，以具体罗列的方式要求投资于"银行存款、政府债券、中央银行票据、金融债券和货币市场基金等低风险资产"。尽管有除外规定，即"委托人和信托公司另有约定的除外"，但是这一除外规定并未包括同样作为受托人的"慈善组织"。那么是否意味着慈善组织担任受托人时只能将信托财产投资于上述低风险资产，还是只要尽到如同其管理自身慈善财产的谨慎投资义务即可呢？无疑后者是更符合法理的。所以管理办法的规定在逻辑上难以自洽。

其二，未能为慈善组织"慈善信托资金专户"厘清实践中的误区。

迄今为止的二百多只慈善信托中，以慈善组织为唯一受托人的慈

---

① 2012 年，民政部正式印发《关于规范基金会行为的若干规定（试行）》，包括"基金会接受和使用公益捐赠"、"基金会的交易、合作及保值增值"和"基金会的信息公布"三个部分，该规定对于规范基金会接受和使用捐赠行为，基金会的交易、合作和保值增值行为以及基金会的信息公开行为作出了具有可操作性的指导。其中基金会的"交易、合作及保值增值"部分明确规定"基金会进行保值增值活动时，应当遵守以下规定：1. 基金会进行保值增值应当遵守合法、安全、有效的原则。符合基金会的宗旨，维护基金会的信誉，遵守与捐赠人和受助人的约定，保证公益支出的实现；2. 基金会可用于保值增值的资产限于非限定性资产、在保值增值期间暂不需要拨付的限定性资产；3. 基金会进行委托投资，应当委托银行或者其他金融机构进行"。

② 尽管这一试行办法中的具体规定值得商榷之处尚有不少。

③ 民政部已经制定关于慈善组织保值增值的具体办法。

善信托寥寥无几。其中的障碍之一便是所谓的"信托资金专户"问题。① 信托公司因其得天独厚的优势，在信托资金专户问题上毫无障碍，轻松实现固有财产和信托财产的分离。但是对于慈善组织而言，则缺乏相应的配套制度。《慈善信托管理办法》要求资金信托需要委托商业银行担任保管人，并且依法开设慈善信托资金专户，同时要求备案提交的材料中应该包括"慈善信托专用资金账户证明"。尽管"慈善信托专用资金账户"不是"信托财产专用账户"，慈善组织作为受托人开设信托财产专户并无法律上的障碍，但是实践中银行对此问题的理解有偏差，亟须澄清。遗憾的是，《慈善信托管理办法》未能完成这一任务。当然期待银监部门和民政部门能够就此与央行进行进一步的沟通，以澄清实践误区。

2. 核心问题的触而不及

其一，信托财产公示制度依然阙如。

信托财产登记制度一直困扰着业界和学界。此并非专属于慈善信托的问题，而是对于各类信托都存在的共性问题。《信托法》第 10 条规定："设立信托，对于信托财产，有关法律、行政法规规定应当办理登记手续的，应当依法办理信托登记。未依照前款规定办理信托登记的，应当补办登记手续；不补办的，该信托不产生效力。"但是现实中，无论不动产登记制度还是股权登记制度中均未能明确信托登记的具体规则，使得以非货币财产设立信托的设想无法落地，在一定程度上限缩了能够设立慈善信托的财产范围。《慈善信托管理办法》对此有所涉及，第 28 条规定："对于资金信托，应当委托商业银行担任保管人，并且依法开立慈善信托资金专户；对于非资金信托，当事人可以委托第三方进行保管。"然而，对于不动产信托和股权信托，如何"委托第三方进行保管"呢？还是说这里的"非资金信托"只是指动产？

---

① 慈善组织缺乏积极性的原因很多，在此不一一罗列。

与商业信托不同的是，以非货币资产设立慈善信托的需求量极大。若能消除信托财产登记方面的障碍，同时变更信托财产登记生效要件为登记对抗要件，那么有望撬动大量社会资源进入慈善领域。

其二，慈善信托税收优惠政策依然隔靴搔痒。

慈善信托的规范意义在于税收优惠政策的享有。而对于慈善信托的所有监管措施的正当性也需以其享有税收优惠政策为基础。[①]《慈善法》中对于慈善信托的税收优惠政策未做正面规定，仅仅规定未按照规定将相关文件报民政部门备案的，不享受税收优惠。《慈善信托管理办法》中也仅仅笼统地规定"慈善信托的委托人、受托人和受益人按照国家有关规定享受税收优惠"。但是"国家有关规定"尚不知身在何处。

当然，公平而言，这两个核心问题的突破绝非这一效力等级的《慈善信托管理办法》所能承受之重，也并非银监部门和民政部门能够决定的事项。信托财产登记制度得依仗物权法以及相关配套制度的健全，而慈善信托税收制度的落实则有赖于财税部门的有所作为。但是点滴推动，都需要心心念念以推动慈善信托发展为己任的有识之士的担当和努力。

（三）慈善信托规制正道

1. 重申慈善信托的规范意义

目前可以从三层意义上界定慈善信托：第一层意义上的慈善信托是指未经备案（也就不可能获得税收优惠），以慈善为宗旨，面向不特定受益人的他益信托；第二层意义上的慈善信托是指根据《慈善法》的规定设立慈善信托，经备案但是未获得免税资格的认定，尽管可以慈善信托的名义运作，但是不享受税收优惠；第三层意义上的慈善信托是指不仅根据《慈善法》的规定设立（在民政部门备案），经

[①] 参见拙作《论公益信托之界定及其规范意义》，《华东政法大学学报》2015 年第 6 期。

过了公益性检测，同时获得了税务部门的认可，得以享受税收优惠，这才是我们真正要研究的具有规范意义的慈善信托。

诚如笔者曾经所认为的那样①，仅仅"以慈善为目的"这一特征并不能使得慈善信托具有规范意义，换言之，立法或者法官将慈善信托甄别出来的规范意义在于：赋予慈善信托得以豁免相关规则的适用②并得以享有税收优惠的同时，对其施以更为严格的监管和更为充分的信息披露义务。

只有立足于慈善信托的规范意义，对于慈善信托的监管才具有正当性：并非所有以慈善为目的的信托都是法律意义上的慈善信托。第一层意义上的"慈善信托"实际上就是民事信托，适用一般民事信托的监管原则与规则；第二层意义上的慈善信托仅仅得以"慈善信托"的名义从事行为，因此对其监管主要在于确保慈善信托之运作要符合慈善目的，此类慈善信托可以被动获得他人的赠与（由于其未获得募捐资格），却不能开展募捐活动，也不得享受税收优惠；第三层意义上的慈善信托——经过备案且获得免税资格的慈善信托，才是监管部门须施以特别监管的真正意义上的慈善信托。

2. 厘清慈善信托的性质：实体论的采纳

对于信托本质的争论一直未能尘埃落定，学界对此也采取暂时搁置的态度。但是对于慈善信托的规制若无法有所确定的话，相关规则难以制定。有学者认为慈善信托更适宜从行为法角度予以解读。③ 然而，仅仅将慈善信托作为慈善组织的行为制度进行解读未免失之偏颇。英美法中慈善信托是慈善组织（或者免税组织）的一种形式，例如美国税法501（c）（3）条款中的组织便包括了慈善信托，同时英国法

---

① 参见金锦萍《论公益信托之界定及其规范意义》，《华东政法大学学报》2015 年第 6 期。

② 例如英美法中得以豁免适用禁止永续规则和受益人确定作为信托生效要件的规则。

③ 参见刘迎霜《我国公益信托法律移植及其本土化：一种正本清源与直面当下的思考》，《中外法学》2015 年第 1 期，第 151～169 页。

也将慈善信托作为须在慈善委员会进行登记的慈善组织的组织形式之一。而且，将慈善信托与慈善组织相提并论，方能确立慈善信托在税法中的独特地位，也才能够使得慈善信托在设立之后获得公开募捐的可能性。

3. 摆脱商业信托规制的路径依赖

与公益信托在长达十六年的时间内被束之高阁不同的是，慈善信托在法律实施不到一年的时间内，已经在各地纷纷落地，初见成效。《慈善信托管理办法》的制定者也明确表示充分意识到慈善信托对于我国慈善事业的重要意义，意在"通过办法的制定和有效实施，逐步将慈善信托打造成我国慈善事业的重要渠道"。通览管理办法全文，不乏亮点。如果有偏差的话，也是因为误将"金融属性"作为慈善信托的重要属性。

这显然受限于我国信托制度的发展历史，同时受累于信托业监管的路径依赖。我国引入信托制度无疑是商业因素的驱动，相关规范也是根据商业信托的特性建构起来的；信托业监管部门对商业信托的监管已经颇有心得，但是这些经验若照搬到对刚刚兴起的慈善信托的规制方面则显得有点张冠李戴。例如在制定《慈善信托管理办法》的过程中，信托业界不时提出借用集合资金信托计划的方式设立慈善信托，甚至认为信托公司可以如同具有公募资格的慈善组织一般以公开募集善款的方式发起设立慈善信托。此处无疑有大谬也。根据《慈善法》的规定，可以公开进行慈善募捐活动的主体只限于取得了公开募捐资格的慈善组织。在慈善信托设立之前，信托公司显然不具备公开进行慈善募捐的资格，也就不得以此种方式设立慈善信托。但是如果一只慈善信托设立之后，运行良好，符合相关条件，其是否也可以如同一个慈善组织一般向主管部门申请公开开展慈善募捐呢？理论上而言，这是可行的，但是此后加入的主体，却不该被视为委托人，而应该被视为捐赠人。再如上文所提及的关于免计风险资本和免予认购信托业保障基金的规定，风险资本和认购信托业保障基金本来就不该适用于慈善信托，两项规定却被错误地认为是对慈善信托的优惠和促进措施。

无论如何，点滴进步都值得褒奖。《慈善信托管理办法》至少厘清了不少误区，也细化了相关规范，具有实操层面的指导意义。对于那些不尽如人意之处，尚需你我继续努力。正所谓"念念不忘，必有回响"。随着慈善信托实践的丰富，更多的问题将呈现，而在界定清楚慈善信托的性质和规范意义基础之上来确定监管原则和规则，才是正道。

五 慈善信托的典型案例与疑难问题

（一）慈善信托是否可以公开募捐？

这个问题的关键在于慈善信托设立之后能否以自己的名义向社会公开募集资金。对此问题争议颇大。有观点认为慈善信托可以公开募集资金。但是笔者认为值得商榷。理由如下。

慈善信托公开募集资金可能存在两种情形：情形之一是根据《信托法》以及信托业法的相关规定来判断是否可以公开募集资金；情形之二则是根据我国关于公开募捐的规定来判断是否可以开展公开募捐。无论根据哪种路径，均可得出目前的法律规定并不允许慈善信托公开募集资金的结论。下面分别论证之。

其一，根据《信托公司集合资金信托计划管理办法》来判断是否可以公开募集资金。首先该办法主要规制的是在我国境内设立集合资金信托计划（以下简称信托计划），由信托公司担任受托人，按照委托人意愿，为受益人的利益，将两个以上（含两个）委托人交付的资金进行集中管理、运用或处分的资金信托业务活动。根据这一规定似乎并不排斥以集合资金信托计划的方式设立慈善信托。但是该办法第8条又规定信托公司推介信托计划时，不得进行公开营销宣传，而且要求委托人须为符合条件的合格投资者。更退一步讲，《信托公司集合资金信托计划管理办法》规制的是营业信托中的商业信托，并不适用于慈善信托，那么慈善信托就不能以该办法来判断是否可以公开募集资金。

其二，依据我国关于慈善募捐的相关规则来判断是否可以公开募捐。公开募捐的主体须是符合法律规定的条件并获得公开募捐资格的慈善组织；未能取得公开募捐资格的慈善组织只能进行定向募捐，即只能向理事、发起人和会员进行募捐①，否则涉嫌违反《慈善法》第101条的规定。② 根据《慈善法》的规定，慈善组织是指依法成立、符合本法规定，以面向社会开展慈善活动为宗旨的非营利性组织。慈善组织可以采取基金会、社会团体、社会服务机构等组织形式，并不包括慈善信托。而且此后民政部颁布的《慈善组织认定办法》更为明确要求：申请认定为慈善组织的，应当符合的条件的第一项便是"申请时具备相应的社会组织法人登记条件"③。据此，慈善信托根本不符合上述法律规定，也就不具备开展公开募捐活动的主体资格。

的确，在汶川地震之后，银监会办公厅发布的《关于鼓励信托公司开展公益信托业务 支持灾后重建工作的通知》（银监办发〔2008〕93号）第4条明确规定："信托公司设立公益信托，可以通过媒体等方式公开进行推介宣传。公益信托的委托人可以是自然人、机构或者

---

① 基金会是无会员的财团法人，意味着定向募捐只能向基金会的理事和发起人募捐。

② 《慈善法》第101条规定，不具有公开募捐资格的组织或者个人开展公开募捐的，由民政部门予以警告、责令停止募捐活动；对违法募集的财产，责令退还捐赠人；难以退还的，由民政部门予以收缴，转给其他慈善组织用于慈善目的；对有关组织或者个人处两万元以上二十万元以下罚款。

③ 参见民政部《慈善组织认定办法》第4条的规定。该条具体条文如下："基金会、社会团体、社会服务机构申请认定为慈善组织，应当符合下列条件：（一）申请时具备相应的社会组织法人登记条件；（二）以开展慈善活动为宗旨，业务范围符合《慈善法》第三条的规定；申请时的上一年度慈善活动的年度支出和管理费用符合国务院民政部门关于慈善组织的规定；（三）不以营利为目的，收益和营运结余全部用于章程规定的慈善目的；财产及其孳息没有在发起人、捐赠人或者本组织成员中分配；章程中有关于剩余财产转给目的相同或者相近的其他慈善组织的规定；（四）有健全的财务制度和合理的薪酬制度；（五）法律、行政法规规定的其他条件。"

依法成立的其他组织，其数量及交付信托的金额不受限制。"但是这里只是允许信托公司向社会推介这一信托方式，并不意味着特定慈善信托就可以公开募捐。而且该通知在《慈善法》实施之后是否依然具有效力尚未可知。

另外需要厘清的是，允许慈善信托设立之后变更委托人的规定并不意味着慈善信托可以公开募捐。民政部和银监会颁行的《慈善信托管理办法》第 38 条规定，根据信托文件约定或者经原委托人同意，可以增加新的委托人，可以增加信托财产。但是这里允许慈善信托设立之后特定委托人的加入，而并没有授予慈善信托开展公开募捐的资格。

（二）政府是否可以成为委托人？

实践中出现了不少政府部门作为慈善信托委托人的案例，较为典型的有"大鹏半岛生态文明建设慈善信托"，该信托于 2018 年 1 月 30 日在广东省民政厅成功备案，成为全国首个以"政府部门委托 + 慈善组织受托"为模式的慈善信托。其中，深圳市大鹏新区管理委员会作为委托人，首期出资 1000 万元，委托深圳市社会公益基金会担任受托人。除此之外，长安信托设立的"长安慈·杨凌精准扶贫慈善信托"的委托人之一为杨陵区精准扶贫办公室；百瑞信托设立的"百瑞仁爱·映山红慈善信托"的委托人为中国共产主义青年团国家电力投资集团公司委员会。于是引发一个问题：政府部门是否可以作为慈善信托的委托人？

赞成者大有人在，理由在于慈善信托的目的是让更多人和机构参与到慈善事业中，故不宜在委托人身份上设置太多的障碍，如工会、团委、事业单位、政府部门、信托计划等，都可以成为委托人。[①]反对者的顾虑也并非毫无理由，政府的职责就是提供"公共产品"

[①] 王雅琼：《慈善信托资金来源实务难点解析》，微信公众号"高杉 Legal"，2018 年 10 月 11 日。

(public goods)，所以政府向社会提供公共服务的性质不因其通过信托方式而有所改变。这也就意味着政府部门所从事的行为，例如社会救助、社会福利等一般不该纳入"慈善"的范畴。[①]

的确，根据现行法律的规定，政府部门并未被排除在慈善活动之外，其成为慈善信托委托人并无现行法上的障碍。《慈善法》规定慈善活动的主体时，强调是"自然人、法人和其他组织"，当这些主体开展慈善活动以及与慈善有关的活动时，适用《慈善法》。而在界定慈善活动时也适用同样的主体范畴："本法所称慈善活动，是指自然人、法人和其他组织"以捐赠财产或者提供服务等方式，自愿开展的公益活动。同时《信托法》第19条规定自然人、法人和非法人组织都可以作为委托人设立慈善信托。根据《民法总则》的规定，在特别法人类别中，包括了机关法人、农村集体经济组织法人、城镇农村的合作经济组织法人和基层群众性自治组织法人，由于《慈善法》和《信托法》中的法人概念并未明确排斥"特别法人"类别，因此也就未排除作为特别法人的政府部门成为慈善活动的主体或者成为慈善信托的委托人。

就政府提供公共服务的方式而言，也并未排除设立慈善信托的方式。根据社会公共服务责任主体与提供主体是否重合，可以区分为一元供给模式和多元供给模式。责任主体与提供主体合二为一的模式即传统的、由政府为唯一公共服务提供主体的一元供给模式。一元供给模式下，由政府直接或者由政府所设立的公立事业单位来提供公共服务，而由社会力量设立的私营部门则不在其列。一元供给模式所对应的必然是"公/私区分"范式，即由政府及其所设立的组织来直接提供基本公共服务。这一模式所遭遇的挑战主要是供给能力严重不足。责任主体与提供主体分离的多元供给模式则是对一元供给模式的反思

---

① 参见赵廉慧《政府部门作为慈善信托委托人的问题》，微信公众号"InlawweTrust"，2018年10月28日。

与改进，即在明确由政府承担责任的前提之下，允许政府通过职能转移、行政资助、购买公共服务等多种方式实现基本公共服务提供的多元化。而能够通过上述方式向社会提供基本公共服务的主体包括事业单位和非营利性的社会组织，同时也不排斥政府设立慈善信托的方式。① 而且就世界范围而言，政府在提供公共服务时，可选择的途径非常丰富。无论是美国还是日本，都不排除通过慈善组织的方式提供公共服务。

因此，政府可以作为委托人设立慈善信托，并将此作为其提供公共服务的一种方式。问题在于政府得明确其意愿，在信托文件中得确定该慈善信托的目的，同时在设立慈善信托之后切实履行作为委托人的权利，包括知情权、监督权等等。

（三）国内首单慈善先行信托

2019 年 6 月 19 日，"孟想非凡·慈善先行信托"在京成立，被誉为国内首单"慈善先行信托"。该信托的委托人是孟非，受托人是中国国际信托公司（以下简称中信信托公司），信托目的是资助云南贫困地区的学生完成大学学业。中信信托公司将依照委托人的意愿进行受托管理，每年从信托财产中优先分配 100 万元信托利益用于慈善捐赠。中国光华科技基金会将作为捐赠执行人，以每人每年 1 万元的标准发放给受捐赠人，资助 100 名云南大学贫困新生至本科毕业。

慈善先行信托是美国法中的一种特殊的混合型信托，兼顾公益与私益，又称为"优先受益权公益信托"，特指在信托存续的一定时期，公益受益人就该信托财产的运用管理所产生的收益有优先受益权，并于受益期间届满或信托终止时，再将信托财产移交给委托人所指定的非公益受益人（委托人自己、配偶或者子女等）。所以这类信托最核

---

① 金锦萍：《论基本公共服务提供的组织形式选择——兼论营利法人与非营利法人分类的规范意义》，《当代法学》2018 年第 4 期。

心的问题是委托人能否以及在多大程度上得以享受税收优惠。"孟想非凡·慈善先行信托"将中国光华科技基金会作为捐赠执行人，意味着受托人中信信托公司将善款交予中国光华科技基金会，后者再去资助大学生，中国光华科技基金会将根据收到善款的数量逐渐地向委托人开具捐赠票据，在一定程度上也使委托人获得了公益性捐赠税前抵扣的优惠。严格意义上而言，这一慈善先行信托采取的是"私益信托＋公益捐赠"的模式，也就意味着该信托并不受到慈善信托相关规范的约束。

（四）以股权作为信托财产的慈善信托

2018 年 6 月，鲁伟鼎为纪念其父亲鲁冠球设立了首只慈善信托——"鲁冠球三农扶志基金慈善信托"，成为迄今为止全国信托财产规模最大的慈善信托。鲁伟鼎把自己持有的万向三农集团有限公司（以下简称万向三农）6 亿元出资额相对应的全部股权无偿授予此基金。这一基金的财产及收益将全部用于多领域的慈善活动，鲁伟鼎及其家族成员不享有信托利益。"鲁冠球三农扶志基金慈善信托"间接持有了万向德农股份有限公司（600371，以下简称万向德农）、河北承德露露股份有限公司（000848）和浙江航民股份有限公司（600987，以下简称航民股份）三家上市公司的股权，以及 9 家非上市公司的股权。2018 年 10 月，万向三农的工商资料发生变更，原本持股 100% 的鲁伟鼎完全退出，万向信托股份公司（以下简称万向信托）成为新股东，持股比例 100%。根据公告，上述股权的变化，不会导致公司控股股东、实际控制人发生变化，公司控股股东仍为万向三农，间接控股股东将变为"鲁冠球三农扶志基金慈善信托"，实际控制人仍为鲁伟鼎。但是，信托公司将基于委托人的慈善意愿，作为受托人对这些信托财产进行相应管理和处分。时隔一年，2019 年 7 月 8 日，鲁伟鼎再次表示，"万向董事局决定，将万向集团公司截至 2018 年度审计报告的资产，全部捐赠设立鲁冠球万向事业基金。公益基金的全部收益将用于研发新技术，高端人才教育，开展科技研究，支持设立理工类应用型科研机构"。

从法律性质上分析，"鲁冠球三农扶志基金慈善信托"是一只以股权作为信托财产的慈善信托。以股权直接设立慈善信托目前尚存在法律上的障碍：其一，受制于《信托法》中的信托财产登记制度；其二，以股权直接设立慈善信托的税收问题依然存在。

其一，信托财产登记制度的障碍。

《信托法》第 10 条规定："设立信托，对于信托财产，有关法律、行政法规规定应当办理登记手续的，应当依法办理信托登记。未依照前款规定办理信托登记的，应当补办登记手续；不补办的，该信托不产生效力。"但是现实中，无论不动产登记制度还是股权登记制度中均未能明确信托登记的具体规则，使得以非货币财产设立信托的设想无法落地，在一定程度上限缩了能够设立慈善信托的财产范围。《慈善信托管理办法》对此有所涉及，第 28 条规定："对于资金信托，应当委托商业银行担任保管人，并且依法开立慈善信托资金专户；对于非资金信托，当事人可以委托第三方进行保管。"然而，对于不动产信托和股权信托，如何"委托第三方进行保管"呢？还是说这里的"非资金信托"只是指动产？

其二，股权设立慈善信托的税收问题。

2011 年曹德旺先生捐赠股权却面临高额所得税的问题引起了社会的普遍关注，也促使五部委专门向其发函，允许其可以缓交五年。五年之后的 2016 年，财政部和国家税务总局发布了《关于公益股权捐赠企业所得税政策问题的通知》（财税〔2016〕45 号），根据该通知，企业向公益性社会团体实施股权捐赠后，以其股权历史成本为依据确定捐赠额，并依此按照企业所得税法有关规定在所得税前予以扣除。公益性社会团体接受股权捐赠后，应按照捐赠企业提供的股权历史成本开具捐赠票据。但是需要注意的是，根据该通知，企业可以向公益性社会团体实施捐赠的股权是指企业持有的其他企业的股权、上市公司股票等，而且只能向公益性社会团体捐赠。这里的"公益性社会团体"是指注册在中华人民共和国境内，以发展公益事业为宗旨且不以营利为目的，并经确定为具有接受捐赠税前扣除资格的基金会、慈善组织等公益性社会团体。该通知自 2016 年 1 月 1 日起执行，通知发布前企业尚未进行税收处理的股权捐赠行为，符合规定条件的可比照执行，已经进行相关税收处理的不再进行税收调整。

所以，以股权直接设立慈善信托的，不能适用上述规定。因此依然面临税收问题。

第五章　公益信托还是慈善信托？

——概念界定及其规范意义

作为信托的一种特殊形式，公益信托体现出信托法的一般理念：所有权和利益相分离，信托财产的独立性、责任的有限性和信托管理的连续性，只因其目的公益性而与私益信托相区别。信托制度的功能包括财产管理、追求利润、员工福利、社会责任、事务处理、资金调度、风险管理等内容，可谓丰富。公益信托无疑是体现其承担社会责任方面功能的典范。除此之外，尤为重要的是，公益信托为私法主体从事公益事业提供了一种有效、简便的方式。私人可以通过公益信托来参与社会公共事务，在一定程度上影响公共政策，公益信托成为委托人实践个人理想的管道。① 与非营利法人（例如基金会）比较，公益信托不仅同样具有资产分割的风险阻隔功能②，而且具有手续简便、执行事务灵活、节省费用等特点。各国立法相继确立这一制度作为实施公益慈善事业的可选途径之一。我国《信托法》中对于公益信托也作了专章规定，但是时至今日，鲜有成功实践。2008 年汶川地震之

---

① 例如美国有一委托人以 50 万美元设立公益信托来支持移民申请获得美国国民身份，同时支持一些社区组织为移民者提供英语课程和其他帮助。当媒体问及为何要进行如此捐助时，他的回答是，"被最近国会否决支持对合法居住在美国的非国民的财政资金的行为所震惊"。参见 Eric Schmitt，"Philanthropist Pledges Help to Immigrants"，*New York Times*，October 1，1996，at A22。

② 这一点与法人制度类似，却有别于非法人社团。但是与非营利法人不同的是，公益信托并未创设出具有法律人格的实体，却通过信托财产独立实现了破产隔离功能。

后，银监会办公厅发布了《关于鼓励信托公司开展公益信托业务支持灾后重建工作的通知》，对于公益信托的设立、信托文件的必要条款、受托人职责、财产使用和监管等问题予以明确。实践中也出现了长安信托"5·12抗震救灾公益信托计划"，尝试以公益信托方式促进灾区的教育事业的重建和发展。2014年底，国务院常务会议提出要大力推动慈善信托试点，可以乐观地预见公益信托将逐渐为公众所接受，并开创公益事业的全新途径。

但是对于公益信托的界定，学界众说纷纭，莫衷一是。[①] 有认为公益信托"是指出于公益目的（Charitable Purpose），即社会公众之利益而设立的信托"[②]；有认为公益信托是为了法律中的慈善目的而设立的信托[③]；有认为是指为公益目的而使用的信托[④]；也有认为公益信托是为了公共利益目的，使整个社会或社会公众的一个显著重要的部分受益而设立的信托[⑤]。而实践中，对于公益信托一直抱有浓厚兴趣的信托业界也缺乏对公益信托的共识，常常把一些"类公益信托"的尝试混淆为公益信托。例如早在十多年前，云南国际信托投资有限公司分别于2004年和2006年发行了"公益信托"产品——"爱心成就未来–稳健收益型"集合资金信托计划和"爱心稳健收益型集合资金信托计划"。购买这些产品的委托人首先是投资者，受益超过约定部分作为其捐赠部分。这一模式后来也受到不少信托公司的青睐。但是这与典型意义上的公益信托大相径庭。与此同时，基金会等非营利法人中设立了大量的公益专项基金，其中有一部分若采用公益信托来阐释，

---

① 有学者甚至认为这样的努力是徒劳的。Austin Wakeman Scott, *Scott's Abridgement of the Law of Trusts*, 1960.

② 〔日〕中野正俊、张军建：《信托法》，中国方正出版社，2004，第200页。

③ 参见杨崇森《信托法之研究》，财团法人保险事业发展中心，1989，第49页，转引自赖源河、王志诚《现代信托法论》（增订三版），中国政法大学出版社，2002，第204页。

④ 〔日〕田中实：《公益信托 现代的展开》，劲草书房，1985，第92页，转引自赖源河、王志诚《现代信托法论》（增订三版），中国政法大学出版社，2002，第204页。

⑤ 何宝玉：《信托法原理研究》，中国政法大学出版社，2005。

会更有利于厘清财产关系。本章旨在廓清公益信托的含义，厘清其特征，阐述其旨趣，以期对公益信托的发展有所裨益。

一　问题的提出：从词源开始

（一）charitable trust 和 community trust、public trust 的甄别

Charitable trust 源于英国中世纪的慈善用益。1601 年颁布的《慈善用益法》（Statute of Charitable Uses）[①] 对慈善用益及其目的做出了规定。比较容易混淆的是，有学者将 community trust 翻译为公益信托。[②] 所以有必要区分 charitable trust 与 community trust。Community trust 最早出现于 20 世纪初期的美国，远远晚于 charitable trust。1914 年，Frederick H. Goff 在美国克利夫兰市设立了第一个 community trust，后来被视为美国乃至全球范围内社区基金会[③]的起源。Community trust 是指为社区的长期利益而成立的由众多捐赠的资金汇集而成的信托，属于 charitable trust 的一个分支。正如同当时的研究报告所揭示的那样："慈善精神以丰富多彩的方式方法体现其自身。有些人希望指定其受益对象，直接解除他人苦痛并看到自己慷慨举止的直接效果；也有人认为，如果能够将自己捐献的资金与他人的捐献汇集在一起，而由一个富有知识和经验的专业委员会在数不胜数的令人困惑的众多慈善需求中甄别挑选受益对象，将使自己的捐献发挥对人类福利最大的功效。对后者来讲，community trust 有其决定优势。"[④]

[①] 参见 G. W. Keeton and L. A. Sheridan, *The Modern Law of Charities*, 4th edition, Belfast: Northern Ireland Legal. Quarterly Inc., 1992, p. 10。

[②] 参见赖源河、王志诚《现代信托法论》（增订三版），中国政法大学出版社，2002，第 204 页。

[③] 美国的基金会有采取非营利法人的组织形式的，也有采取信托形式的。

[④] 参见 Community Trusts in the United State and Canada, *A Survey of Existing Trusts*, *with Suggestion for Organizing and Developing New Foundation*, New York: American Bankers Association, 1931, p. 7。

值得注意的是，community trust 的特点在于其具有地域性，是为某个市、县或者州的公共利益服务。因此将 community trust 翻译为"社区信托"更为适宜。尽管社区信托也是具有公益目的的信托，但是不宜作为 charitable trust 的统称。两者之间是种属关系。

除 community trust 以外，还有学者将 public trust 翻译为公益信托。① Public trust 一词源自英文中的"the public trust doctrine"（公共信托原则）。1892 年美国联邦最高法院对伊利诺中央铁路公司诉伊利诺伊州案②的判决首先确立了这一原则在现代法上（尤其是环境法领域）的地位。一般认为，公共信托原则滥觞于罗马法概念中的公共财产（common properties）。在罗马法中，空气、水、海洋和海滨都属于公有，这些领域任何人都有权利用。公共信托原则开始用于处理可航行水体下面的土地、潮间地和其他一些为公众共同享用的财产，它限制主权者将其转让给私人，保障公民对自然资源所享有的公共利益。后来公共信托原则扩展到对共通权利（common rights）、习惯利用（customary uses）和公共期待（public expectations）的保护，以防止变化的不稳定性。③

由此可见，charitable trust 和 community trust、public trust 之间存在很大差别，不可相互混淆。

---

① 参见何宝玉《英国信托法原理与判例》，法律出版社，2001，第 296 页注释 2。

② *Illinois Central Railroad Co. v. Illinois*，146 U. S. 387；13 S. Ct. 110；36 L. Ed. 1018，(1892)．具体案情如下：1869 年，伊利诺伊州立法机关通过一项立法把密执安湖的一部分水下土地的所有权转让给伊利诺中央铁路公司。1873 年，伊利诺伊州立法机关重新审查上述立法并撤销该法律。伊利诺伊州政府据此对伊利诺中央铁路公司提起关于确定该水下土地所有权的诉讼。联邦最高法院在判决中认为，伊利诺伊州对密执安湖水下土地的所有权与其他土地所有权的性质不同，"它是一种为使该州人民能够享受该水体的航运和贸易之利，以及不受私方妨碍或干扰地自由捕鱼而委托于州的所有权"。确定了伊利诺伊州对这块有争议的水下土地的所有权。参见王曦《美国环境法概论》，武汉大学出版社，1992，第 75 ~ 76 页。

③ 关于公共信托原则的发展历史问题，参见 The National Association of Attorneys General，Committee on the Office of Attorney General，*Legal Issues in Public Trust Enforcement*，1977。

（二）"公益信托"抑或"慈善信托"？

对于 charitable trust 的翻译，素来有"公益信托"和"慈善信托"之推敲。有学者主张使用"慈善信托"这一词，[1] 而且最近官方文件中也屡屡出现"慈善信托"的表述，[2] 那么在中文语境下究竟该选择使用"公益信托"还是"慈善信托"作为 charitable trust 的对应词呢？

"慈善"一词在古汉语中出现得很早。《北史·崔光传》中有"光宽和慈善，不忤于物，进退沉浮，自得而已"，其中慈善是以慈行善之意。"慈"者，《说文》中只有两字作解：爱也。至于"善"者，汉代贾谊说道："恻隐怜人，谓之善。"将同情他人的痛苦和危难作为善。佛教传入之后，慈善一词被赋予了特殊的宗教意味。佛学经典中的《大智度论》解释说："大慈与一切众生乐，大悲拔一切众生苦。""大慈大悲"体现了佛教中最为宽厚、博大的慈爱和悲悯。"慈善"在英文中也有两个对应词，即"charity"和"philanthropy"。Philanthropy 源自希腊文，有慈善、仁慈、博爱的意思，也可以用来表述慈善组织和慈善行为。Charity 则来源于拉丁语中的 caritas，原意为关心，而在当时的通常用法就是指对穷人和需要的人的慷慨给予。Charity 在神学中被解释为博爱，即被定义为爱的一种美德，引导人们首先是对上帝尊爱，而且要对作为上帝施爱对象的某人自己和某人的邻里仁爱。法律意义上的 charity 则比这要广得多，还包括了其他对社会有利的目的。

可见，中西方对慈善的界定都有爱、仁慈、悲悯的意思，并且都与宗教相关联。将英文中的 charitable 翻译为"慈善"并不存在谬误。"公益"一词乃 19 世纪末日本学者在翻译英语中的 public welfare 时采

---

[1]　参见何宝玉《英国信托法原理与判例》，法律出版社，2001，第296页。

[2]　例如《国务院关于促进慈善事业健康发展的指导意见》（国发〔2014〕61号）中明确提出"鼓励设立慈善信托，抓紧制定政策措施，积极推进有条件的地方开展试点"。

用的，后来为汉语所沿用，① 在我国常被认为是公共利益的缩写。当下很多场合对于"公益"和"慈善"几乎不作区分地混淆使用。大陆法系国家和地区，例如韩国、日本和我国台湾地区在引入信托制度从事慈善或者公益事业时，都选择使用了"公益信托"这一术语。我国现行《信托法》也不例外。这里固然有移植和借鉴过程中的路径依赖，但是也并非没有任何理论依据。

二 公益信托概念的规范意义之一：有效与无效之分

若是只从词源学角度厘清公益信托与慈善信托的区别，很可能只能得出众说纷纭或者两者皆可的结论。"概念引导我们前行"（维特根斯坦语），法律概念的规范意义不能模棱两可。

（一）禁止永续规则和近似原则

英美法早期之所以对于 charitable trust 另眼看待，是因为两项特殊规则——禁止永续规则和近似原则。

禁止永续规则（rule against perpetuities）② 是英美法特有的规则。

---

① 〔日〕留岗幸助：《慈善问题》，东京警醒书社，1898，第12页，转引自秦晖《政府与企业以外的现代化——中西公益事业史的比较研究》，浙江人民出版社，1999，第27页。

② 禁止永续规则被认为是英美法中最为复杂的规则之一。这一规则起源于封建时期的英国，当时的封建领主常常试图即使自己死后还可以继续控制财产的使用和处理。禁止永续规则的目的就是防止人们世世代代地控制财产。在封建时期的英国，实践中通过在土地上设置永续存在的信托，继承者能够以土地为生，却并不实际享有土地。这一做法避免了部分因为土地所有者死亡土地移转而发生的税负。禁止永续规则就是用来确保土地所有者死亡后，合理期限届满，有人能够真正拥有土地。所以根据禁止永续规则，除非能够显示土地上的权益自某活着的人创设该权益之日起21年内会真正属于某人，否则该权益无效。对于遗嘱来说，自被继承人死亡之日起算；对于生前信托来说，则是信托设立之日起算。目前这一规则在英国继续有效，在美国则存在很大争议，有些州已经修改甚至废除该规则，一方面是因为该规则太过复杂，另一方面是因为美国更鼓励财富的积累和存续。

这一规则要求信托的存续期限有上限。违反这一规则，信托无效。信托是在特定财产上附加特定的信托目的，因此也被称为有目的的财产。但是这样一种方式无疑是对财产所有权自由行使的限制，法理上与私人所有权绝对主义存在一定的抵牾，所以英美法中确立了"禁止永续规则"。英美国家的法院在认定 charitable trust 的效力时，曾经遭遇重大麻烦：违反禁止永续规则的 charitable trust 是否有效？辩论之后的共识是：charitable trust 不适用"禁止永续规则"，可以说是这一规则的例外。[①] 颇有意思的是，现在，永久信托（perpetual trust）甚至已成为 charitable trust 之别名。

　　近似原则（cy-pres doctrine）更使 charitable trust 的永续存在成为可能，从法律角度解决了允许 charitable trust 永久存续所产生的一系列固有问题。学界较为普遍认可的学说认为近似原则源于基督教的"赎罪"理论。中世纪的英国，为了赎罪以便死后能进入天堂，人们去世前往往立下遗嘱，为教会或其他宗教目的设立遗嘱信托。但是当遗嘱指定的方式无法实施或者信托目的不能实现时，衡平法院会努力寻求立遗嘱人的真意，尽量不使信托失效。当时衡平法院大法官大多为教士出身，熟悉教会法，又愿意按照有利于教会的方式解释遗嘱信托：他们往往推断说，立遗嘱人的本来意思是为求赎罪，使灵魂获得永生，当然不愿意遗嘱信托失效，导致自己的目的落空，所以将遗嘱信托用于其他宗教目的才符合立遗嘱人的本意。[②] 可见，这是衡平法院为尊重立遗嘱人的真实意思表示，对于以遗嘱方式设立的信托的一种扩张和从宽解释，是对遗嘱内容欠缺的一种弥补规则。英国法院最早采用近似原则的是 1584 年的 *William Frenche and other Inhabitants of Laysloft in Suffolk v. Tetter* 一案。后来，满足下述三个条件的 charitable trust 可以适用近似原则：（1）存在有效慈善信托；（2）实现捐赠者最初目的

---

① 参见 Simon Gardner, *An Introduction to the Law of Trusts*, London: Oxford University Press, 2003, pp. 100 – 102。

② 周小明：《信托制度比较法研究》，法律出版社，1996，第 171 页。

已变得不可能和不切实际；（3）捐赠者施惠于特定的慈善目的之外还有概括性慈善目的。① 逐渐就演变为这样一个规则：charitable trust 在设立后，如遇有社会变迁或法律变更，致使信托依原定目的执行，发生不可能、不合适或违法的情事，法院可将该信托的信托财产转用于接近委托人原意的其他公益目的，避免该信托无效或消灭。《信托法重述》（第三版）第 67 条又对此规则进行了最新表述："如果建立信托之初的特定慈善目的原本就违法、不能实现、不可行，或者后来变成此种状况，或是将所有信托财产用于该目的会造成对资源的浪费，charitable trust 并未失效，法院可以将财产的全部或一部分用于与最初慈善目的最相接近的另一个慈善目的，除非信托条款另有规定。"②

大陆法系各国在移植信托制度时，尽管没有引入禁止永续规则（自然也不会产生公益信托豁免与否的问题），但是将近似原则全盘接受。如果某些财产被确定用于某一公益目的，但由于种种原因，这一目的无法实现，或该信托财产实现某一公益目的后有剩余款项，则法院或慈善主管部门可以将剩余财产用于与该项目尽可能相似的另一公益目的。③

问题是：是什么理由让 charitable trust 得以获得法律的另眼相看？学者认为，让 charitable trust 豁免适用禁止永续规则的理由在于：在私益信托中，禁止永续规则确保了财产在以信托方式持有一段时间之后

---

① Edith L. Fisch, *The Cy Pres Doctrine in the United States*, New York：Matthew Bender, 1950, pp. 128 – 201；Restatement (Second) of Trusts, §399；Scott and Fratcher, *Law of Trusts*, fourth edition, Boston：Little, Brown, 1987, third edition, §§399, 399. 4.

② Restatement of Trusts, fourth edition, Boston：Little, Brown, 1987, third edition, §67. 《信托法重述》（第二版）的相关条款（第 399 条）如此定义类似原则："假如对信托的财产捐赠是为了特定慈善目的，而该目的原本就不切实际、违反法律，或是变成此种情况，并且赠与人表示出将该财产献给概括性慈善目的的意图，那么信托就不会失效，法院会判决将信托财产用于包括在赠与人概括性慈善目的之内的其他目的。"

③ 张淳：《信托法原论》，南京大学出版社，1994，第 269～270 页。

最终回到一个绝对拥有的人手上，成为市场力量所能左右的财产；而在 charitable trust 中，尽管信托财产也至少部分地被从市场中撤离出来，但是这种撤离并不等同于完全隔绝：通常地，资金将被部分用来投资，同时收益只能被用于实现信托的公益目的，例如教育、医疗等。而且应该注意的是，与其他财产投资比较，charitable trust 的信托财产在投资上应该更少风险，小型 charitable trust 的受托人只能是最小风险的投资者。因此，这种特殊待遇不能被解释为是为了帮助达到信托设立人的目的，因为私益信托也存在同样情况，而应该被解释为是为了公共利益。[①] Charitable trust 的目的在于增进公共利益，而且有些公益目的非长期无法达到，所以应该允许其永久存续下去。正是公益目的使 charitable trust 适用特殊规则具有了正当性。

（二）不因受益人的不确定性而信托无效

英美法在认定 charitable trust 的效力问题上遭遇的另一障碍就是受益人的确定性问题。传统普通法要求任何信托都应该有确定的受益人，信托若无确定的受益人会影响信托的效力。例如 19 世纪末期，身为大律师的塞缪尔·蒂尔登（Samuel Tilden）立遗嘱愿意为纽约设立一座公共图书馆提供巨额遗产。但是上诉法庭认为他的遗嘱必须有确定的受益人才能被认为有效。公众的抗议迫使州议会不得不重新制定认可 charitable trust 效力的法律，该法后被称为蒂尔登法（Tilden Act，1893）。自此美国各州才逐渐不因受益人的不确定而判决 charitable trust 无效。

对受益人不确定性要求的解释，英美法院在具体案例中的态度并不一致。例如，一个为了某一特定工厂的工人福利而设立的信托被英国法院判定为不是有效的 charitable trust，尽管其员工人数多达十一万

---

① 参见 Simon Gardner, *An Introduction to the Law of Trusts*, London: Oxford University Press, 2003, pp. 110 – 116。

人。理由在于其仅仅使一个范围有限的团体（或者说帮助特定群体，而非对广大公众开放）获益。[①] 但是在美国，即便是为了更小群体的雇工福利而设立的信托也被认为是有效的 charitable trust。[②] 现实中也有一些 charitable trust 要求受托人管理运营资金，并且将所有的收入交给特定的慈善组织来实现公益目的。这依然是有效的 charitable trust，因为尽管受益人为特定的慈善组织，但是最终的利益将归于社会。

有学者甚至认为公益信托不存在受益人。[③] 他们主张公益信托可以确定一定范围内的人有可能从公益信托中获得利益，但是此范围内的人并不必然据此获得利益，例如某儒商设立一个资助儒学研究青年学者的公益信托，但是并非青年儒学研究者就是该信托的受益人，因为他们不享有向受托人行使的请求权。肯定者则认为公益信托终归是要确定具体受益人的，例如前述资助青年儒学研究者的公益信托，经过各种程序之后，张某等三人成为被资助的对象，那么张某等三人就是该公益信托的受益人。然而，我们发现，张某等三人只是受给权人，不是受益人，因为他们并不享有一般受益人所具有的监督权。只有在侵害受给权人的利益时，他们才可以行使请求权。

三　公益信托概念的规范意义之二：
激励与监管齐下

诚如上文所述，禁止永续规则的豁免和近似原则的适用使 charitable trust 有了永续存在的可能，并且能够及时回应社会变迁，适时调整信托目的。不受受益人确定性规则约束使"受益人不确定"不会影响到 charitable trust 的效力。这两项涉及 charitable trust 效力的规则正是

---

① *Oppenheim v. Tobacco Securities Trust Co.*，［1951］A. C. 297.

② In re Fanelli's Estate, 140 N. Y. /s. 2d 334（Surr. Ct. 1955）；In re Schller's Estste, 169 A. 2d 554（Pa. 1961）.

③ 〔日〕能见善久：《现代信托法》，赵廉慧译，中国法制出版社，2011，第 300 页。

法院将 charitable trust 从众多信托中甄别出来的意义所在。如果在这一意义上，无论使用"公益信托"还是"慈善信托"来对译 charitable trust 还都是无可厚非的话，那么，当 charitable trust 遭遇税收政策时，以"公益信托"来对译 charitable trust 却成为必然。

（一）当 charitable trust 遭遇税收优惠

自美国 1909 年颁布第一部联邦税法以来，charitable trust 作为一类慈善组织就一直享有优惠待遇。慈善组织若要获得免税资格，必须满足美国国内税收法典 501（c）（3）所规定的条件。该条款对具有免税资格的慈善组织的界定如下："专以以下目的成立和运营的法人、任何社区福利基金、基金或基金会，这些目的包括：宗教、慈善、科学、公共安全测试、文学、教育目的，或为促进国家和国际业余体育竞技比赛（但是其活动不涉及提供体育器材或设施）以及为预防虐待儿童、动物。其净收益不是为了保证使私人股东或个人受益，其行为的实质目的不是进行大规模的宣传或企图影响立法 [国内税收法典 501（h）项中另有规定的除外]，不代表任何公职候选人（或反对者）参与或干涉任何政治竞选活动（包括出版或散发宣传册）。"①

其中最为关键的便是"必须仅以宗教、慈善或者教育等为设立和运营的目的，保证其净收入不会使任何私人股东或个人获取受益"②。联邦税务局根据 501（c）（3）的规定颁发了实施条例，确立了对于私人收益的限制。③ 具体内容如下："一个组织将不会视为专为（i）项下所列明的目的而设立或者运作，除非其为公共利益而不是私人利益服务。所以，为了满足该项要求，组织必须明确它的设立与运营不是为了满足私人的利益，如指定人员、创始人或其家庭成员、组织的股

---

① 美国国内税收法典，501（c）（3）。

② 1909 年公司税法，ch. 6，§38，36 Stat. 11，113（1909）。

③ 23 Fed. Reg. 5192（T. D. 6301）（1958）.

东，或者直接、间接控制人的利益。"①

根据受益对象不同，信托可以区分为自益信托和他益信托。Charitable trust 无疑属于他益信托，但是并非所有的他益信托都能够成为税法规范意义上的 charitable trust，两者的差异就在于：charitable trust 并非为了特定个人的利益，而是为了有利于一般大众的某些确定的目的。这就意味着下述两个问题的判断将是两者之间的分野所在：其一，受益人与委托人之间是否存在私人关系？其二，受益人获得利益是否符合公益目的？

受益人与委托人之间是否存在私人关系成为法院判断一个信托是否属于 charitable trust 的标准之一。委托人与受益人之间若存在私人关系，往往被认定为私益信托，而非 charitable trust。例如 *Kent v. Dunham* 一案中，单纯为了委托人可能处于穷困的后代而设立的信托就不被认为是一个有效的 charitable trust。② 但是与此相反的是，*Bullard v. Chandler* 一案中，一个为济贫目的而设立的，但声明优先考虑委托人的穷困亲属的信托被认定为是 charitable trust。③ 法院认为，委托人可以指定特定个人为首选受益人，只要这样做的主要目的符合公共利益。

受益人获得利益是否符合公益目的是判断一个信托是否为 charitable trust 的另一个标准。最为典型的案例是"9·11"事件后对于受害者及其家属的救助基金的发放问题。"9·11"事件发生之后，全美掀起捐赠热潮，许多既有的慈善组织收到大量捐赠，各地还新成立了不少慈善组织（包括 charitable trust）。联邦税务局在其最早的公开声明之中表示，在任何情况下，都要考虑受害人及其家庭的需要。④ 不能

---

① Treas. Reg. § 1. 501（c）（3）–1（d）（1）（ii）.

② *Kent v. Dunham*, 7N. E. 730（Mass. 1886）；同时参见 Scott and Fratcher, *Law of Trusts*, fourth edition, Boston: Little, Brown, 1987, § 375. 3。

③ 21 N. E. 951（Mass. 1889）.

④ 慈善组织对最近的恐怖袭击的反应：众议院筹款委员会听证，系列 107 – 47, 107th Cong, 1st sess（2001）（statement of Steven T. Miller, Director, Exempt Organizations Division, Internal Revenue Service）。

"仅仅因为那些家庭是灾难的受害者"就提供救助资金，因为联邦税务局坚持认为为有需要的人提供救助是"charity"这一法律概念的必要构成要件。由于当时发表有些主张不合时宜因而遭到舆论的谴责，联邦税务局不得不及时澄清道："如果慈善组织以减轻痛苦为目的，并出于符合客观标准的善意而付款"①，那么慈善组织在提供经济援助时可以不考虑是否有救助需要。然而一年之后，当舆论归于理性，联邦税务局发表了一份修正声明，重新阐述慈善组织提供灾难救助的普遍规则：向灾难受害者分配救济金的前提条件是受害者因灾难而需要经济救助（符合济贫目的），或是遭受痛苦并且需要危机咨询、救援服务或紧急救助（符合救灾目的）。② 由此可见，联邦税务局又回到了坚持向有需要的受害者提供救助的原点。联邦税务局之所以如此坚持立场，源于慈善组织税收优惠政策的"辅助理论"。这一理论主张慈善组织之所以可以享受税收优惠政策是基于公共利益的考虑。美国最高法院在 *Trinidad v. Sagrada Orden de Predicadores* 一案中曾经有这样的表述："免税待遇的授予是因为意识到社会公众从非营利组织的活动中受惠，所以要帮助这些并非为任何私人利益的组织。"③既然非营利组织向社会提供这类本应该由政府提供的公共物品，也就意味着为政府减轻了负担，那么赋予其免税待遇就有了正当性。所得税优惠政策可以被看作政府对非营利组织的间接补贴。④ 所以，正是公共利益才使非营利组织（包括公益信托）获得税收优惠有了根据。

诚然，在中文语境下对慈善与公益进行辨析并非易事，但是公益

---

① Notice 2001 – 78, 2001 – 50 I. R. B. 576.

② Internal Revenue Service, Publication 3833, *Disaster Relief-Providing Assistance through Charitable Organizations*, 2002.

③ 参见 *Trinidad v. Sagrada Orden de Predicadores*, 263 U. S. 578, 581, n. 15 (1924)。这一表述不断地被以后的类似案例所援引。

④ ROB ATKINSON, "Theories of the Federal Income Tax Exemption for Charities: Thesis, Antithesis, and Syntheses", *Stetson Law Review*, 1991, p. 27.

和慈善之间毕竟存在下述差异：其一，慈善是民间性的，而公益不区分官方与民间，政府也可以是从事公益事业的主体之一；其二，对于特定困难个体的救助也被视为慈善之举，而公益则强调受益对象应该为不特定的社会公众或者社会公众的一部分。民间自发进行的互助行为和对于特定个体的救助在社会中普遍存在，但是一般不为法律所调整，即便调整，也该适用法律关于情谊行为和民事赠与（或者无因管理）的规则。慈善法所调整的慈善组织或者慈善行为则以公益为要件。这是因为慈善法与财税制度相关联，符合一定条件的慈善组织不仅自身可以享受税收优惠，而且向其捐赠的组织和个人可以享受公益性捐赠税前扣除的税收优惠。但是对于特定个体的救助，施助者与被救助者之间是否存在私人关系无从判断或者判断起来成本昂贵，所以，就要求只有以不特定公众或者公众的一部分作为受益人，才得以适用具有税法意义的相关规则。在这一意义上而言，选用"公益信托"的表述作为法律术语似乎更为贴切。①

---

① 2001 年通过的《中华人民共和国信托法》以专章规定了"公益信托"，但是新近讨论的慈善法草案中则选择了"慈善信托"的表述。对此，笔者深感不妥。除了上述关于公益与慈善的词源差异以及概念的规范意义之外，尚有以下理由。首先，诚如前文所述，无论"公益信托"还是"慈善信托"作为"charitable trust"的对应词都无可厚非，但是在同一法律体系中，在已有立法采取公益信托的情形下依然选择慈善信托，将会导致今后的法律体系中兼用"公益信托"与"慈善信托"两个术语表述同一调整对象，这既不符合立法统一原则，也将为今后的司法实践埋下隐患。其次，慈善法对于慈善信托的规定不可能面面俱到，关于信托设立、变更和终止、信托财产、信托当事人等内容仍需要适用《信托法》的相关规定，如果采用"公益信托"之表述，那么这一过程将顺理成章，反之，若采用"慈善信托"，那么其适用《信托法》规定将颇费周折。再次，公益信托在实践中步履艰难，原因之一在于关于公益信托的税收优惠制度尚未落实，此次慈善法立法有望对于慈善信托的税收优惠作出明确规定，这就又引出另一个问题：符合《信托法》规定的公益信托是否可以当然适用这些规定？为了达到让公益信托也适用同等税收优惠政策的目的，就需要立法解释或者司法解释来大费周章地厘清公益信托与慈善信托之关系。最后，经过十多年的实践，"公益信托"这一术语目前已经为信托业界普遍接受，信托业界陆续开始推出相关实践案例。若现在改为"慈善信托"，那么向公众的普及努力需要从头开始。

（二）严格的监管规则

纵观各国，对于公益信托都适用严于私益信托的监管规则。其目的不外乎：其一，监督这些以公益为目的的财产，确保其未被滥用，这在公益信托原则上无特定受益人的情况下尤为需要；其二，源于税法监管的需要，因为需要向公众交代向这些组织提供税收优惠的理由，以及确保税收优惠未被滥用。

1601年，英国就颁布《慈善用益法》"意在纠正迄今为止不当利用为慈善目的而赠予的土地财产及金钱的行为"。这一法案"力图将慈善组织变得更加理性——明确为何种目的可向慈善组织捐赠资金，以确保该等资金用于捐赠者指定的用途并将私有慈善组织置于国家管理之下"。1922年日本制定《信托法》时，对于公益信托进行了专章规定，这些规定后来大多被日本、韩国和我国台湾地区以及大陆所借鉴。从立法文本来看，对于公益信托的监管力度远远大于私益信托。具体体现在五方面。

一者，公益信托的设立除了满足私益信托设立时应该满足的条件之外，还需要经公益目的事业主管机关的行政许可。例如我国《信托法》明文规定设立公益信托的，需要获得公益事业主管部门的许可。台湾地区"信托法"第70条第一项也有类似规定。目的在于确保公益信托不被滥设，并确保受益人的权益。

二者，为确保公益信托的良好执行，规定了特别的监管机构。英国法中将公益信托视为慈善组织的一种，因此由承担慈善组织监管职责的慈善委员会对公益信托给予全面指导，对受托人提出个别建议，为公益信托的财产的保护和投资提供帮助，等等。公益信托的受托人被要求向委员会提交年报和财务报告，要求到慈善委员会进行登记。慈善委员会可以对他们的业务进行调查。在某些情况下，慈善委员会甚至可以像法院一样行事，享有更换公益信托的受托人和冻结财产等主动介入的权力。在美国则主要由州首席检察官来履行这一职责。在大陆法系国家，私益信托（营业信托除外）一般由法院监督，公益信托则由目的事业主管机关监督。两者的区别不仅仅是监督主体的不同，更在于：法院仅仅在有利害关系人或者检察官申请的情况下，被动地对私益信托进行监督或者其他行为；而目的事业主管机关对于公益信托可以随时主动地检查信托事务和财产状况。而且公益信托成立之后，发生信托行为当时不能预见的情形时，目的事业主管机关还可以根据信托宗旨，变更信托条款。对于私益信托则没有类似规定。

三者，受托人资格及其辞任的特殊要求。私益信托的受托人通常通过委托人自行指定，或者由信托当事人协商确定。具有民事行为能力的自然人或者法人都可以成为受托人，法律一般对此并无特别限制。但是公益信托的受托人则有更为严格的资格上的要求。例如英国1993年慈善法规定，有下列情形之一的，没有资格担任公益信托受托人："（一）被判决认定有任何不诚实或者欺诈行为的；（二）被宣告破产或者被处以扣押财产，且该情形尚未被解除的；（三）与其债权人达成债务和解，或者将信托契约让与其债权人，且该情形尚未被解除的；（四）受托人在由其所负责的或者与其个人利益存在利害关系的，或者能为其带来利益或便利之慈善组织管理业务中，出现处理不当或者管理不善的情形，从而被免除受托人资格的；（五）因其与任何团体之管理或者控制相关联，从而被免除受托人资格的；（六）其受托人之资格，根据公司法或者破产法的相关规定被免除的。"

根据大陆法系国家的相关规定，私益信托的受托人可以根据信托行为的规定，或者经委托人及受益人的同意辞任，或者在其有不得已之事由时，向法院申请许可其辞任。公益信托的受托人的辞任则会受到一定限制，只有在有正当理由的情况下，向目的事业主管机关申请并获得许可的，才可以辞任。

四者，提起诉讼方面的特别规定。对于私益信托而言，一般是利害关系人（往往是受益人）对受托人向法院提起诉讼。但是公益信托并不具备特定的受益人。受益人的不确定使得原先以受益人的监督来制约和限制受托人的期待落空。所以需要特定的公权力机关来行使诉权。在英国，由慈善委员会起诉违反了信赖义务的受托人。[①] 大陆法系各国和地区一般由目的事业主管机关作为诉讼代表人提起诉讼。

五者，信托关系消灭时的处理。公益信托消灭时，受托人应提前将消灭的事由以及日期，向目的事业主管机关申报；并且受托人应该就信托事务的处理作出结算和报告书，取得信托监察人的承认后，于一定期限内向目的事业主管机关申报。私益信托消灭的时候，受托人只需就信托事务的处理作出结算和报告书，并取得受益人、信托监察人及其他归属权利人的承认即可，一般无须向法院或者主管机关申报。[②]

除了以上情形，大陆法系更是对于公益信托的内部组织作出了与私益信托不同的规定。对于私益信托，法律并无特别的限制，但是对于公益信托，法律一般要求公益信托内部除了受托人之外，尚需要设置信托监察人。

由此可见，当公益信托遭遇税收优惠时，受益对象为不特定社会公众或者社会公众的一部分的特点逐渐凸显出来。而且，由于这一特征，法律设置了更为严格的监管规则，在鼓励发展公益信托的同时也予以严格监管。

四 公益信托的认定标准

（一）符合法律关于"公益目的"的范围

公益信托的设立目的首先须符合本国立法所规定的"公益目的"。早期英美法系国家并无制定法明文规定"公益目的"，而是将此留待于法官在具体个案中作出判断，而法院长期以来也克制住试图就此作

---

① 也有由首席检察官来起诉的，或者由某个人接受慈善委员会的授权提起诉讼。
② 例如台湾地区"信托法"第 68 条的规定。

出确定答案的冲动。这一法律概念由法院在近几个世纪中不断地发展着。1601 年的《伊丽莎白法典》对于慈善目的的阐述如下："老人、残疾、疾病患者和贫民的救济；伤病士兵的救助；学校设备的维护；桥梁、港湾、道路、教会、堤防的维修；孤儿的教育和辅导；感化院的维护、救助；贫困女子婚姻的协助；创业青年以及弱者的协助；囚犯、战俘的救济与更生保护；贫民租税负担、出征费（安家费）的援助。"[1] 1891 年麦克纳顿法官（Lord MacNaughton）在 *Income Tax Special Purposes Commissioners v. Pemsel* 一案中对公益信托目的做了分类，史称麦克纳顿分类（MacNaughton Categories）。麦克纳顿分类将上述 1601 年的《伊丽莎白法典》中关于慈善目的的那段阐述概括出四个类别：济贫、发展教育、传播宗教和其他社会公益目的。此后很长的时期内，法院认定公益信托时，其目的必须属于上述四类中的一类或者数类。英国 1960 年和 1993 年通过慈善法时曾经讨论是否该就此作出明文规定，最后认为，允许公益目的的范围随着社会变迁而变动的灵活性的意义远远胜于立法就此作出规定的清晰和确定性。[2]

无独有偶，美国《信托法重述》（第二版）第 348 条规定："公益信托是一种有关财产的信任关系，产生于一种设立信托的意思表示，它使一人持有财产并负有承担衡平法上的义务，必须为公益目的而处理该财产。"但是对于何谓"公益目的"则无明确界定。而法院几乎也放弃了对公益目的抽象化的努力，诚如克拉克（Clark）的观点："法院发现无法［对有效的公益目的］做出一个有效的分类。值得社区支持的目的就像风一样分散，它们总随时间变化……因为这种持续的变化，想将社区福利公式化为抽象规则的努力就不可避免地会降格为一系列临时性的、对特定情形的回应。法院已经清楚地意识到这种危险，并且已经转变为接受这样的观点：只要一个信托的受益人范围超出了

---

[1] Stat. 43 Eliz. 1, ch. 4 (1601).

[2] 参见 Elizabeth Cairns, *Charitable Trusts: Law and Practice*, 3rd ed., London: Sweet and Maxwell, 1997, p. 1.

受托人直接的家庭与朋友，而且不那么荒诞可恶、不违法、不过分自私或是明确冒犯相当部分人群，那么该信托就是公益性质的。"①

美国《信托法重述》（第三版）（2001 年）除了明确了公益目的为英国法所界定的四类首要目的之外增加了推进健康和市政目的。②

直至 2006 年，英国在修正慈善法时才界定了"公益目的"。该法第二款罗列的公益目的包括："（一）扶贫救困；（二）促进教育发展；（三）促进宗教事业发展；（四）促进人们健康状况的改善和医疗卫生事业的发展；（五）推进公民意识或者社区发展；（六）促进艺术、文化、历史遗产或者科学的保护和发展；（七）促进业余运动的发展；（八）促进人权的进步、冲突的解决或者和解，推进宗教、种族的和谐、平等与多样性；（九）促进环境保护与改善；（十）扶持需要帮助的青年人、老年人、病人、残疾人、穷人或者其他弱势群体；（十一）促进动物福利的发展；（十二）促进皇家武装部队效率提高，或者促进巡察、消防、急救服务效率的提高；（十三）其他属于本条第四款范围内的目的。"

大陆法则倾向于具体罗列各种公益目的，例如日本《信托法》第66 条、韩国《信托法》第 65 条以及我国台湾地区"信托法"第 69 条都具体列举了"宗教、祭祀、慈善、技艺、学术"，并以"其他公益"来兜底。③ 我国《信托法》第 60 条同样采取列举方式对公益信托的目的作出了规定，即包括：救济贫困；救助灾民；扶助残疾人；发展教

① Clark, "Charitable Trusts", pp. 997 – 998；亦参见 Elias Clark, "The Limitation on Political Activities: A Discordant Note in the English Law of Charities", 46 *Virginia Law Review* 439（443）, 1960。

② Restatement of Trusts, third edition, §28.

③ 日本《信托法》第 66 条规定："祭祀、宗教、慈善事业、学术、技艺以及其他以公益为目的的信托为公益信托。"韩国《信托法》第 65 条几乎照搬了日本《信托法》的规定："以学术、宗教、祭祀、慈善、技艺等其他公益为目的的信托，为公益信托。"另外，我国台湾地区"信托法"第 69 条的规定是："称公益信托者，谓以慈善、文学、学术、技艺、宗教、祭祀或其他公共利益为目的之信托。"

育、科技、文化、艺术、体育事业；发展医疗卫生事业；发展环境保护事业，维护生态环境；发展其他社会公益事业。仔细比较各国（地区）关于公益目的的具体范围，不难发现，措辞、内容大同小异。所涵盖的公益目的包括扶贫赈灾、扶老助残、恤幼济困、助学助医等传统慈善范畴之外，随着社会变迁也有所发展，逐渐增加环境保护、艺术等内容。罗列加兜底条款的立法模式有其优点：一方面，明示公益目的让司法变得便捷；另一方面，兜底条款的存在为社会发展和公益事业拓展留下必要的空间和余地。

无论是英美法国家的法院还是大陆法系国家的目的事业主管机关（我国称为公益事业管理机构）在对具体信托的目的是否是"公益目的"的判断上依然困难重重。有研究认为有严格基准和宽容基准之分。[①] 严格基准是指，从社会上大多数人的立场出发，判断该信托是否积极地对多数人产生利益，也就是说，"公益"是必须符合社会多数人期待的目的。宽容基准则从保护委托人意愿的立场出发，认为任何公益信托首先是委托人意愿的体现，只要其不违反强制性规定、公序良俗，不属于使特定少数人获得利益，即使该信托的目的是不受欢迎或者无价值的，只要不危害社会，即可被认定为"公益"目的。

1601 年英国《伊丽莎白法典》中对公益目的的阐述在其司法实践中的应用也存在两种途径。[②] 第一种途径倾向于严格限制，也就是严格按照法律的规定或者先例的应用情况，即类推法或者被称为"踏脚石"的方法。根据这个办法，若要将救生艇认为是具有公益目的的，需要通过类推适用关于防波堤的规定；同样根据这一办法，在另一个案件中，要认定用于火葬场的目的是公益性质的，首先类推维护教堂墓地属于维护修筑教堂而被认为是公益性的，再类推公墓是教堂墓地

---

① 参见姜博译《公益信托与公益目的之实践》，硕士学位论文，台北大学，2001，第50 页。

② 参见 Elizabeth Cairns, *Charitable Trusts: Law and Practice*, 3rd ed., London: Sweet and Maxwell, 1997, pp. 2 - 3。

而被认为是公益性的，再类推到火葬场是公墓而被认为是公益性的。与此相反，另一种途径则相对比较灵活，被现代法院更为广泛地采用。也就是允许法院来决定目的是否在法律规定的"精神和意图"之中，或者"等同于"制定法的规定。这就赋予了法院针对那些与制定法中无直接关联的目的是否属于慈善目的的自由裁量权。于是上述分类中的第四分类就被称为一个开口条款，即只要对社会有利就应该被视为公益目的，除非《伊丽莎白法典》的起草者即使已经预见到自1601年以来的现实变化但是依然不认为是公益目的的。也就是说，要符合制定法的精神。这种观点为有些学者所采纳，认为这是防止公益目的被泛化或者滥用的有效方法。这种观点可以让法院拒绝承认明显与制定法意图相违背的某一目的是慈善目的（即使该目的对社会有利），例如某一政治目的。

无论是严格基准还是宽容基准，在确定公益信托的目的时都需要考虑以下因素。一方面，信托的弹性和最大程度实现委托人的自由意志是信托功能的重要体现。公益信托是从事公益事业的一种管道。这一方式通过私人捐赠，使许多不适宜由纳税人赞助或者无法获得大众赞助的实验或者研究有了进行的可能。所以公益信托因为其弹性且不受控制的特性，成为实践新构想的重要途径。[1] 从这个意义上讲，对公益信托的目的限制不宜过严。另一方面，公益信托涉及社会公共资源，免除遗产税及赠与税，委托人自身还可以享受所得税税前抵扣的优惠，涉及社会经济公共政策。从这一意义上讲，对公益信托的目的限制有其合理性。

（二）通过"公益性检测"

对"公共利益性"的判断难度一点不亚于对公益目的的界定。如

---

① 参见 Lundwall, Mary Kay, "Inconsistency and Uncertainty in the Charitable Purposes Doctrine", *Wayne L. Rev.* 41, 1995, p. 1343。

果说"公益目的"是对公益信托所致力的使命和宗旨的明确，那么"公共利益性"就是对公益信托的作用和效能的要求。需要遵循以下两个标准：其一，该目的是否为公众带来直接的或者间接的切实利益；其二，直接从该信托获得利益的受益人是否构成社会公众或者社会公众中显著重要的部分。① 这就意味着信托必须是为了社会公众的利益，而且不能是为了太小一部分人的利益；同时这种利益必须是客观存在的，而不能是委托人或者受益人的主观看法。② 英国 2006 年慈善法授权慈善委员会就特定组织（包括信托）公益性检测制定相关指南。慈善委员会根据法律授权于 2008 年 1 月发布了慈善组织（包括公益信托）公益性指南。根据该指南，若要保持慈善组织（包括公益信托）的性质，就须证明其公益性。公益性检测有两个原则：有益性原则和公众性原则。有益性原则要求公益信托给公众带来的好处必须超越其自身可能造成的某些不利后果或者害处，而且须与信托目的相吻合。例如某些环保方面的研究可能会采取危害环境的方法，就需要衡量其积极方面是否超过消极方面。公众性原则是对信托受益范围和人数的要求。一般要求受益者的范围必须足够大，而且是开放的。但是有时候受益人数可能并不多，却不影响其公益性认定。例如以某种罕见病救治为目的的公益信托。即便罹患该类罕见病的人数稀少，但是此项事业的运行意味着现在以及将来罹患此病的人都可以从中获益，所以依然具备公益性。

值得探讨的是：受益人为某个医疗机构或者学校设立的信托能否通过"公益性检测"？答案是肯定的。前提是这些医疗机构或者学校

①　参见 Graham Moffat, *Trusts Law: Text and Materials*, Butterworths, 1999, p. 714。

②　英国法中有 Re Compton 规则。这一规则确立于 1945 年，法官认为一项为委托人指定的三个家庭的合法后代提供教育福利的信托不属于公益信托。理由就在于这三个家庭的后代不能构成社会公众的一部分，因此不属于公益信托。在判决理由中，法官得出一个规则：如果受益人之间的连接点在于他们与一个或几个共同祖先之间的关系，就不能构成社会公众或者社会公众的一部分。这就要求公益信托的受益人区别于其他成员的特征必须是一种不依赖于他们与特定人的关系的特质。

本身必须是符合公益目的的非营利组织。这是因为表面上看来，这里的受益人只有一个（即医院或者学校），但是由于医院或者学校若是非营利组织的话，也得恪守利益禁止分配原则，最终受益的将是社会公众。

（三）公益信托目的的非政治性和禁止进行利益分配

非政治性是公益信托的特征之一。公益信托从事涉及特定公共政策活动的，可能会影响到其法律地位的认定。如果一个信托的目的包括了以某种形式支持或反对特定立法，或者支持或反对政治候选人，则会被拒绝赋予其"慈善组织"的地位，也就是丧失免税资格。例如在美国，如果被发现"参与或涉及（包括出版或传播言论）任何政治竞选活动，支持（或反对）任何公职候选人"，则失去对慈善捐赠享受税收减免的待遇。[①]

公益信托也不能以营利为目的，即其宗旨并不是获取利润并在此基础上谋求自身的发展壮大，而是实现某种公益或者一定范围内的公益。所以不能进行剩余收入（利润）的分配。这一原则即"禁止分配原则"。[②]

（四）信托目的完全彻底地具有公益性

如果一项信托既有公益目的，又有非公益目的，法院需要考察信托文件授权进行的非公益活动到底构成信托目的的一部分还是只属于信托目的的附带或者附属的活动。只有在后者情况下，信托才是公益信托。[③]

---

① 26 U. S. C. § 501（c）（3）（2000）.
② 关于"禁止分配原则"，请参见金锦萍《论非营利法人从事商事活动的现实及其特殊规则》，《法律科学（西北政法学院学报）》2007 年第 6 期。
③ 参见何宝玉《英国信托法原理与判例》，法律出版社，2001，第 304～323 页。

五　我国实践中的"类公益信托"性质分析

（一）信托公司为受托人的探索

1. 信托公司运行公益信托的基本模式

目前，我国通过信托公司运行的公益信托模式主要是这样的：首先，开拓公益信托资金募集渠道；其次，信托公司通过专业化的投资管理运作，实现信托财产的保值增值，同时由商业银行进行独立的资金第三方保管，并引入信托监察人制度，聘请会计师事务所或律师事务所等中介机构对受托人行为进行监督，审核认可受托人所作的信托事务处理情况及财产状况的报告、信托终止时的清算报告等，可以使信托财产运用透明化，为公益增信；最后，信托公司委托基金会、慈善机构等进行捐赠资金等财产的使用，在有关信托的税收政策缺失的现状下，取得税收优惠。

比较典型的例子有长安信托公司的"5·12抗震救灾公益信托计划"① 和国民信托公司的"爱心久久贵州黔西南州贞丰'四在小学'公益信托"②。长安信托公司的"5·12抗震救灾公益信托计划"中，

---

① "5·12抗震救灾公益信托计划"是2008年汶川地震之后由长安信托公司推出的信托计划，由上海证大投资管理有限公司（出资370万元）、深圳市淳大投资有限公司（出资320万元）、深圳市思科泰技术有限公司（出资110万元）、西安国际信托有限公司（长安信托前身，出资200万元）共出1000万元，由长安信托担任受托人，确定信托存续三年之后，本金和收益全部用于陕西省内因"5·12"大地震而受灾的地区受损中小学校重建。2011年6月5日，信托到期。

② 国民信托公司的"爱心久久贵州黔西南州贞丰'四在小学'公益信托"项目情况如下："四在学校·幸福校园"活动是贵州省委十一届四次全会深化教育领域综合改革的重要举措之一。"四在"是指吃在学校解食忧、住在学校受关爱、学在学校长知识、乐在学校感幸福。省教育厅、省关工委、省文明办和省妇联决定自2014年起在全省农村寄宿制学校深入开展"四在学校·幸福校园"活动。该信托采用公募方式，向公众公开募集。初始规模不低于20万元，开放式，可随时（转下页注）

四个委托人将 1000 万元资金委托给受托人，经过受托人经营管理之后，本金和利息通过陕西省教育局全部用于因"5·12"大地震而受灾的地区受损中小学校重建。国民信托公司的"爱心久久贵州黔西南州贞丰'四在小学'公益信托"则由作为受托人的信托公司公开向社会募集资金，由受托人经营管理之后，将本金和收益全部用于支持贵州省的"四在学校·幸福校园"活动。但是这两个案例的缺陷在于，在信托存续期间，其与私益信托毫无差异，只是最后在信托到期时将本金和收益一次性全部进行公益捐赠。所以与典型意义上的公益信托尚存有一定距离。

按照能见善久先生的区分，公益信托可以有两种类型：直接型和委托型。前者是指公益信托自身具备必要的人和物的组织来运行公益事业，后者是指公益信托向别的组织（例如公益法人）委托事业。[1] 上述的两只"类公益信托"最关键的问题就在于应当在公益信托存续期间就委托慈善组织来运行公益事业，而非等信托终止后才将本金和受益一次性捐赠给政府教育部门。若能如此调整，则这两只信托有望成为委托型公益信托。

2. 私益信托附带公益捐赠的模式

实践中更多的信托公司在尝试另一种模式：具备公益性质的集合资金信托计划。例如"百瑞仁爱·天使基金 1 号集合资金信托计划"就是一个开放式的集合资金信托计划，与一般的集合资金信托计划的差异就在于委托人将信托财产的收益部分进行了捐赠。该信托中，委托人的首要目的在于投资和营利，只是附带了一个捐赠合同。所以应该认为是附捐赠合同的私益信托更为适宜。若按照本章第四部分所阐述的认定标准来衡量的话，该信托的目的并非公益。尽管这一尝试并

（接上页注②）接受委托人捐赠认购，认购起点初步设定为 200 元。信托规模上限为 200 万元。目前已经基本落实 20 万元初始捐助资金。信托受托人为国民信托有限公司，受益人为贵州省黔西南州贞丰县"四在小学"符合条件的受益人。

[1] 〔日〕能见善久：《现代信托法》，赵廉慧译，中国法制出版社，2011，第 308～309 页。

非实质意义上的公益信托，但是这种模式将社会公益事业与集合资金信托计划的投资理财功能相结合，有力地促进了公益事业，值得肯定。

这两种以信托公司为主体的"类公益信托"，并不能直接享受税收优惠政策。但是当信托终止时，若将信托财产捐赠给享有免税资格的慈善组织，委托人在信托终止时就捐赠部分可以获得公益捐赠所得税税前抵扣资格。

3. 非营利法人通过信托形式的委托理财

实践中也存在非营利法人（例如基金会、社会团体）将财产以信托的方式委托给专业的资产管理机构（包括信托公司、资产管理公司等）进行理财，以实现其资产增值保值的目的。此类信托中，委托人和受益人都为特定的非营利法人，此类信托是私益信托中的自益信托，而非公益信托，适用的是非营利法人从事经营性活动的相关规则。①

（二）基金会等非营利组织为受托人的尝试

广义上而言，非营利法人是捐赠给其的所有财产的受托人。但是对于非营利法人名下的财产，依然可以区分为非营利法人所有的财产和非营利法人作为受托人的信托财产。尽管非营利法人都是以自己的名义在管理、经营和处分这些财产，但是这两部分财产还是有着本质区别的。例如美国《信托法重述》（第三版）对此问题规定如下："如果一项对医院、大学或其他慈善组织的公开遗赠或赠与，明示或暗示服务于该非营利组织的概括性公益目的，这种遗赠或赠与属于慈善行为，但并不成立本法所规制的信托。然而对此类组织的某个特定目的的赠与或遗赠，如帮助某种特定疾病的患者，或建立奖学金支持某个特定领域的科研活动，则成立公益信托。该机构为受托人，适用和遵

---

① 相关规则参见金锦萍《论非营利法人从事商事活动的现实及其特殊规则》，《法律科学（西北政法学院学报）》2007 年第 6 期。

守本法的规定。"①

早在二十多年前，公益专项基金就已经成为一种公益合作模式被基金会普遍采用且行之有效。公益专项基金基本模式是：捐赠人捐赠一定起限额度的资金，在公益机构设立独立财务记账科目，组建由捐赠人、公益机构共同参与的管委会，共同制定专项基金管理规则，资助双方认可的公益项目，约定实施项目的管理成本，每年度进行基金财务审计。这一模式的特色是适应了捐赠方和社会对慈善捐赠公开透明的需求，调动了捐方参与公益事业的积极性，发挥了公益机构的专业优势，帮助捐赠方低成本、高效率地实现其公益目标。② 与一般的公益捐赠相比，在捐赠人将资金注入公益专项基金后，公益专项基金的资金与非营利组织的其他资金并未混同在一起，公益专项基金的资金专款专用。同时，公益专项基金有着在符合非营利组织大宗旨下的更加细化的公益目的，即目标的特定化。

公益专项基金应该被认定为是以非营利法人为受托人的公益信托。委托人与受托人之间签订的捐赠协议以及经双方协商制定的专项基金管理办法应该被视为信托文件。公益信托基金中的资金是信托财产。因此，公益专项基金作为信托财产应当适用《信托法》的规定，而不适用《基金会管理条例》中的相关规定。由此，非营利法人名下的财产可以区分为信托财产和固有财产，两类财产适用不同财产规则：其一，信托财产独立于受托人的固有财产，因此当受托人因破产、解散、

---

① Restatement of Trusts, third edition, § 28 cmt. a. 参见 *Tauber v. Commonwealth*, 499 S. E. 2d 839 (Va. 1998); *Blocker v. Texas*, 718 S. W. 2d 409 (Tex. 1986)。

② 国内较早设立专项基金的非营利组织有，中国林学会（于 1986 年设立第一个专项基金）、中国华侨经济文化基金会（于 1993 年设立第一个专项基金）、中国电力教育协会（于 1994 年设立第一个专项基金）、中华环境保护基金会（于 1998 年设立第一个专项基金）。这些慈善组织当初之所以设立公益专项基金，原因有以下四个：一是根据捐资者的要求；二是有利于特定公益事业的品牌宣传效应；三是出于便利财务独立核算的考虑；四是有利于开展专项活动。其中最主要的原因是根据捐资者的要求和有利于特定公益事业的品牌宣传活动。参见北京大学非营利组织法研究中心《公益专项基金研究报告》（2010 年）。

被撤销而终止时，信托财产不会成为受托人的责任财产，受到破产隔离的保护；其二，信托财产的使用不仅要受到非营利法人章程和宗旨的约束，还受到信托文件的约束；其三，信托财产不受《基金会管理条例》中关于年度强制性公益支出比例的限制；其四，作为受托人的非营利法人可以根据信托文件的约定从信托财产中提取一定比例或者数额的资金作为报酬；其五，当受托人违反信赖义务时，委托人可以更换受托人。

【本章小结】公益信托的法律规范意义

在法律规定尚未完善的背景下，作为舶来品的公益信托在我国已经悄然兴起，并在实践中开始牛刀小试。颇具弹性和灵活性的信托构造一旦被引入公益领域，其所能激发的热情和智慧必将刷新中国公益领域的格局和机制。但是若无对公益信托概念的清晰界定，关于公益信托的相关规则就如同沙丘城堡般无从建构。公益信托与慈善信托之争并非简单的词源探究或者术语选择，而是需要从法律概念的规范意义上予以澄清。从早期的禁止永续规则的排斥适用和近似原则的适用，到近期的与税收优惠政策互为呼应的严格监管制度，将公益信托与其他信托进行区分的规范意义逐渐凸显和清晰。只有在这一前提之下，探究公益信托的认定标准以及剖析我国现实中存在的类公益信托的性质才能够顺理成章。

第六章　税法视角的审视：慈善 信托的出路

　　从上文所述可见，我国目前呈现慈善信托和公益信托共存的状态，即《慈善法》中的慈善信托并未替代《信托法》中的公益信托，反之亦然。但是无论是慈善信托还是公益信托，目前在税法中均未能直接享有税收优惠政策。公益信托的制度之殇在于设立之难，而慈善信托在设立环节有所突破，却困于法律地位不明。本章将从税法视角切入，重新审视慈善信托与公益信托的关系。

　　诚如本书第三章所述，英美法是通过税法来调整和规制公益信托的。无论是美国法的 501（c）（3）条款还是英国慈善法及其公益性检测规定，都体现出其规制思路：只有那些通过公益性检测的、具有慈善目的的信托方可获得法律上的免税组织的待遇；不仅自身收入得以享受所得税优惠，而且其设立者还有后续的捐赠人也可就其捐赠获得公益性捐赠税前扣除的资格。而大陆法中的公益信托则重在设立环节的许可，需要经过目的事业主管机关的审查和许可方得设立，一旦设立，在免税政策的获得上则比较简便。

　　我国的慈善信托和公益信托就是按照不同法系的规制思路予以确立相关法律规范的。因此我国《信托法》中的公益信托移植的是大陆法中的公益信托制度，重在设立环节，并且强制设立监察人机制，按照这一思路，接下来的免税资格取得应该较为顺畅和简便。与此不同的是，我国《慈善法》中的慈善信托借鉴的却是英美法中的慈善信托制度，尤其是美国法的思路，设立便利，但是若要取得免税资格则需要经过严格的公益性检测程序。这两种脱胎于不同法系、基于不同规制思路的信托机制并存，的确会让人无所适从。但是解决问题的方案也因此明朗起来：让慈善信托具有税法上的规范意义，同时设置类似规则，让公益信托直接具有公益性特征而得以享受税收优惠。

一 《慈善法》中的慈善信托不具有税法上的规范意义

我国的公益信托因其制度设计上的缺陷而未能发展起来，而且尽管立法中规定"国家鼓励发展公益信托"，"公益事业管理机构对于公益信托活动应当予以支持"，但是税法中从未赋予公益信托以特殊的税收优惠政策，甚至由于其在实务中步履艰难，尚未触及税收问题。《慈善法》抱着激活慈善领域信托机制的美好愿望，专章规定慈善信托，对于慈善信托的设立予以松绑，但是依然未能在其他方面获得突破。其中缘由，税收优惠政策缺位乃重中之重。

实务中的确发展出来若干种模式来规避法律规定。针对委托人的需要，有一些慈善信托为了解决这一税收优惠政策滞后于实践的问题采取了一些变通措施，使设立慈善信托的实际委托人可以获得像慈善捐赠那样的"公益事业捐赠票据"以抵扣税款，具体而言存在三种类型。

其一，先捐赠后设立信托的方式。

委托人将信托财产先捐赠给慈善组织，并因此获得公益事业捐赠票据，然后由慈善组织作为委托人设立慈善信托。在此类慈善信托中，原先的委托人转变为慈善组织的捐赠人，而慈善组织则成为名义上的委托人。因此出现了不少慈善组织作为委托人的慈善信托。这里的受托人可以是信托公司，也可以是另一个慈善组织。为了确认原先委托人（即捐赠人）设立慈善信托的意愿，捐赠人与慈善组织签订捐赠合同时就需要约定设立慈善信托的意愿，以及慈善信托的主要事项，包括受托人的确定、慈善目的、信托存续期间、信托财产的管理方式等等；慈善组织接受捐赠之后需要按照捐赠人的意愿尽快设立慈善信托，在此环节，慈善组织成了通道。慈善信托设立之后，为了充分实现原委托人的意愿，还会在受托人环节设立一个决策委员会（或者管理委员会），将原委托人纳入其中。这一方式纯粹为了使信托财产的提供者能够获得公益性捐赠税前扣除的资格。但是隐藏着风险：依法享受委托人权利的是慈善组织，而非原委托人；原委托人只能依据公益事业捐赠法和合同法的相关规定行使捐赠人的权利，不利于保护原委托人权利。

其二，先设立慈善信托，将慈善组织作为受益人的方式。

委托人可以选择慈善组织或者信托公司作为受托人，由受托人经营管理信托财产。但是在慈善信托执行时，将慈善组织作为受益人。慈善组织收到信托利益时向受托人指定的委托人开具公益事业捐赠票据。与第一种方式比较，委托人的身份没有改变，但是其获得公益性捐赠税前扣除的优惠政策依赖于信托利益转移给慈善组织的进度，不利于委托人的整体税务规划，因此也就不利于激发其设立慈善信托的积极性。而且严格意义上而言，将公益事业捐赠票据开具给受托人指定之人，存在操作上违规的担忧。

其三，由慈善组织担任受托人，由慈善组织直接开具公益事业捐赠票据的方式。

委托人设立由慈善组织担任受托人的慈善信托，然后由该慈善组织直接将公益事业捐赠票据开具给该委托人。这一方式混淆了慈善组织的角色。慈善组织担任受托人时，信托财产并未转移为慈善组织所有，只是由慈善组织持有并经营管理，这些资金需要与慈善组织的其他财产分别管理。因此慈善组织不能向委托人开具公益事业捐赠票据，因为信托财产有别于慈善组织接受捐赠的资金，而根据《公益事业捐赠票据使用管理暂行办法》的规定，"接受用于公益事业的捐赠"方能开具公益事业捐赠票据。

无论采取哪一种方式，其问题症结在于：慈善信托的设立环节中，委托人转移的信托财产在法律上未被清晰确定为"公益捐赠"，故无法直接适用公益性捐赠税前扣除的相关优惠政策。

所以问题就转化为：慈善信托的设立能够在性质上等同于公益捐赠吗？

二 关于公益性捐赠税前扣除制度的现行规定

（一）公益性捐赠的定义

根据《企业所得税法》和《个人所得税法》的规定，公益性捐赠是指企业或者个人通过公益性社会团体或者县级以上人民政府及其部门用于公益事业捐赠法规定的公益事业的捐赠。《财政部、国家税务总局、民政部关于公益性捐赠税前扣除有关问题的通知》（财税〔2008〕160号）对此作出了更为详细的规定，企业和个人的用于公益事业的捐赠支出，是指公益事业捐赠法规定的向公益事业的捐赠支出，具体范围包括：救助灾害、救济贫困、扶助残疾人等困难的社会群体和个人的活动；教育、科学、文化、卫生、体育事业；环境保护、社会公共设施建设；促进社会发展和进步的其他社会公共和福利事业。[①]

（二）公益性捐赠税前扣除的范围

1. 企业所得税税前扣除

《企业所得税法》第9条和《财政部、国家税务总局、民政部关于公益性捐赠税前扣除有关问题的通知》（财税〔2008〕160号）规定，企业通过公益性社会团体或者县级以上人民政府及其部门，用于

---

① 金锦萍编著《社会组织财税制度》，中国社会出版社，2011，第139页。

公益事业的捐赠支出，在年度利润总额 12% 以内的部分，准予在计算应纳税所得额时扣除。《慈善法》第 80 条第一款规定，企业慈善捐赠支出超过法律规定的准予在计算企业所得税应纳税所得额时当年扣除的部分，允许结转以后三年内在计算应纳税所得额时扣除。

2. 个人所得税税前扣除

《个人所得税法》第 6 条第三款规定，个人将其所得对教育、扶贫、济困等公益慈善事业进行捐赠，捐赠额未超过纳税人申报的应纳税所得额百分之三十的部分，可以从其应纳税所得额中扣除；国务院规定对公益慈善事业捐赠实行全额税前扣除的，从其规定。《个人所得税法实施条例》第 19 条又规定，《个人所得税法》第 6 条第三款所称个人将其所得对教育、扶贫、济困等公益慈善事业进行捐赠，是指个人将其所得通过中国境内的公益性社会组织、国家机关向教育、扶贫、济困等公益慈善事业的捐赠；所称应纳税所得额，是指计算扣除捐赠额之前的应纳税所得额。

3. 特殊优惠政策

《财政部、国家税务总局、民政部关于公益性捐赠税前扣除有关问题的通知》（财税〔2008〕160 号）规定，2008 年 1 月 1 日以后成立的基金会，在首次获得公益性捐赠税前扣除资格后，原始基金的捐赠人在基金会首次获得公益性捐赠税前扣除资格的当年进行所得税汇算清缴时，可凭捐赠票据依法享受税前扣除。[①]

（三）公益性捐赠税前扣除的程序

1. 公益性社会团体捐赠税前扣除资格的申请条件

根据《中华人民共和国企业所得税法》、《中华人民共和国个人所得税法》、《中华人民共和国企业所得税法实施条例》、《中华人民共和国个人所得税法实施条例》、《基金会管理条例》、《社会团体登记管理

---

① 金锦萍编著《社会组织财税制度》，中国社会出版社，2011，第 150 页。

条例》、《民办非企业单位登记管理暂行条例》以及《财政部、国家税务总局、民政部关于公益性捐赠税前扣除有关问题的通知》（财税〔2008〕160号），我国非营利组织申请公益性捐赠税前扣除资格需要满足以下条件：依法登记，具有法人资格；以发展公益事业为宗旨，且不以营利为目的；全部资产及其增值为该法人所有；收益和营运结余主要用于符合该法人设立目的的事业；终止后的剩余财产不归属任何个人或营利组织；不经营与其设立目的无关的业务；健全的财务会计制度；捐赠者不以任何形式参与社会团体财产的分配；申请前三年内未受到行政处罚；基金会年度检查和评估等级达标；公益性社会团体（不含基金会）年度检查、评估等级、公益支出比例达标。

2. 公益性社会团体捐赠税前扣除资格确认

公益性捐赠税前扣除程序的法律法规依据：《财政部　国家税务总局　民政部关于公益性捐赠税前扣除有关问题的补充通知》（财税〔2010〕45号）、《财政部　国家税务总局　民政部关于公益性捐赠税前扣除资格确认审批有关调整事项的通知》（财税〔2015〕141号）。

按照《国务院关于取消非行政许可审批事项的决定》（国发〔2015〕27号）的精神，"公益性捐赠税前扣除资格确认"作为非行政许可审批事项予以取消。对社会组织报送捐赠税前扣除资格申请报告和相关材料的环节予以取消，即财税〔2008〕160号文第六条、第七条停止执行，改由财政、税务、民政等部门结合社会组织登记注册、公益活动情况联合确认公益性捐赠税前扣除资格，并以公告形式发布名单。公益性社会团体捐赠税前扣除资格确认程序按以下规定执行：其一，对在民政部登记设立的社会组织，由民政部在登记注册环节会同财政部、国家税务总局对其公益性进行联合确认，对符合公益性社会团体条件的社会组织，财政部、国家税务总局、民政部联合发布公告，明确其公益性捐赠税前扣除资格；其二，对在民政部登记注册且已经运行的社会组织，由财政部、国家税务总局和民政部结合社会组织公益活动情况和年度检查、评估等情况，对符合公益性社会团体条件的社会组织联合发布公告，明确其公益性捐赠税前扣除资格；其三，在省级和省级以下民政部门登记注册的社会组织，由省级相关部门参照本条第一项、第二项执行。

同时，按照"放管结合"的要求，财政、税务、民政等部门要加强公益性社会团体的后续管理，建立信息公开制度，加大对公益性社会团体的监督检查及违规处罚的力度。在社会组织监督检查或税务检查中，发现不符合条件的公益性社会团体，取消其公益性捐赠税前扣除资格，并向社会公告；建立公益性社会团体信息公开制度，公益性社会团休必须及时公开接受捐赠收入和支出情况，加强社会监督。同时，《慈善法》第70条规定，县级以上人民政府民政部门和其他有关部门应当及时向社会公开下列慈善信息：具有出具公益性捐赠税前扣除票据资格的慈善组织名单。

3. 公益事业捐赠票据

《慈善法》第38条规定：慈善组织接受捐赠，应当向捐赠人开具由财政部门统一监（印）制的捐赠票据。捐赠票据应当载明捐赠人、捐赠财产的种类及数量、慈善组织名称和经办人姓名、票据日期等。捐赠人匿名或者放弃接受捐赠票据的，慈善组织应当做好相关记录。根据《公益事业捐赠票据使用管理暂行办法》和《财政部　民政部关于进一步明确公益性社会组织申领公益事业捐赠票据有关问题的通知》（财综〔2016〕7号），公益事业捐赠票据，是指各级人民政府及其部门、公益性事业单位、公益性社会团体及其他公益性组织按照自愿、无偿原则，依法接受并用于公益事业的捐赠财物时，向提供捐赠的自然人、法人和其他组织开具的凭证。捐赠票据是会计核算的原始凭证，是财政、税务、审计、监察等部门进行监督检查的依据，是捐赠人对外捐赠并根据国家有关规定申请捐赠款项税前扣除的有效凭证。

在民政部门依法登记并从事公益事业的社会团体、基金会和民办非企业单位（以下简称公益性社会组织），按照《公益事业捐赠票据使用管理暂行办法》规定，可以到同级财政部门申领公益事业捐赠票据。公益事业捐赠票据实行凭证领用（购）、分次限量、核旧领（购）新的申领制度。公益性社会组织首次申领公益事业捐赠票据时，应按规定程序先行申请办理"财政票据领用（购）证"，并提交申请函、民政部门颁发的登记证书、组织机构代码证书副本原件及复印件、单位章程（章程中应当载明本组织开展公益事业的具体内容），以及财政部门规定的其他材料。财政部门依据《财政票据管理办法》和《公益事业捐赠票据使用管理暂行办法》，对公益性社会组织提供的申请材料进行严格审核，对符合公益事业捐赠票据管理规定的申请，予以核准，办理"财政票据领用（购）证"，并发放公益事业捐赠票据。公益性社会组织再次申领公益事业捐赠票据时，应当出示"财政票据领用（购）证"，并提交前次公益事业捐赠票据使用情况，包括册（份）数、起止号码、使用份数、作废份数、收取金额及票据存根等内容。财政部门对上述内容审核合格后，核销其票据存根，并继续发放公益事业捐赠票据。

4. 公益性捐赠税收扣除结转机制

（1）企业所得税税收扣除结转

《企业所得税法》第9条规定：企业发生的公益性捐赠支出，在年度利润总额12%以内的部分，准予在计算应纳税所得额时扣除。这意味着超过12%的部分不得扣除，也不得结转以后年度扣除。2013年2月，国务院发布《国务院批转发展改革委等部门关于深化收入分配制度改革若干意见的通知》（国发〔2013〕6号），其中第20项规定：落实并完善慈善捐赠税收优惠政策，对企业公益性捐赠支出超过年度利润总额12%的部分，允许结转以后年度扣除。在政府部门发布的文件中对慈善税收减免的结转问题有了明确规定，突破了公益性捐赠支出超过限额不得结转的规定。很多纳税人认为公益性捐赠支出超过12%的部分可以结转以后年度扣除，但财政部、国家税务总局一直没有相关政策。

《慈善法》第80条第二款规定：企业慈善捐赠支出超过法律规定

的准予在计算企业所得税应纳税所得额时当年扣除的部分，允许结转以后三年内在计算应纳税所得额时扣除。最终确定了公益性捐赠支出超过 12% 的部分可以结转以后三年内扣除。

（2）个人所得税税前扣除结转

《个人所得税法》近期进行了修订，其中最为关键的是将部分劳动性所得进行了综合征税，将工资、薪金所得，劳务报酬所得，稿酬所得，特许权使用费所得等 4 项劳动性所得（以下简称综合所得）纳入综合征税范围，适用统一的超额累进税率，居民个人按年合并计算个人所得税，非居民个人按月或者按次分项计算个人所得税。同时，适当简并应税所得分类，将"个体工商户的生产、经营所得"调整为"经营所得"，不再保留"对企事业单位的承包经营、承租经营所得"，该项所得根据具体情况，分别并入综合所得或者经营所得。对经营所得，利息、股息、红利所得，财产租赁所得，财产转让所得，偶然所得以及其他所得，仍采用分类征税方式，按照规定分别计算个人所得税。

但是对于个人进行公益性捐赠，当期扣除不完的捐赠余额，能否转到其他应税所得项目以及以后纳税申报期的应纳税所得中继续扣除，能否允许其将当期捐赠在属于以前纳税申报期的应纳税所得中追溯扣除，目前法律尚无明文规定。根据早先的《国家税务总局关于个人捐赠后申请退还已缴纳个人所得税问题的批复》，"允许个人在税前扣除的对教育事业和其他公益事业的捐赠，其捐赠资金应属于其纳税申报期当期的应纳税所得；当期扣除不完的捐赠余额，不得转到其他应税所得项目以及以后纳税申报期的应纳税所得中继续扣除，也不允许将当期捐赠在属于以前纳税申报期的应纳税所得中追溯扣除"。这意味着个人捐赠只能在当期进行抵扣，超出部分不可结转后扣除。

但是在现实的捐赠活动中，常常会存在捐赠人捐赠的额度远远大过当期可扣除额的情况。如果没有跨期结转的抵扣机制，捐赠人为了获得足够的税收减免，就只能拆分自己的捐赠过程，每次捐赠一部分，对于税务管理机关来说，分几次进行捐赠税收抵扣的额度累加起来，与一次性捐赠可以结转能够抵扣的额度相等，而对捐赠人来说，分次捐赠浪费了更多的时间。所以，个人捐赠税前扣除额度不能分期结转且流程复杂，会伤害捐赠人的捐赠热情，这都是对慈善事业发展不利的因素。建议建立个人捐赠税前扣除结转机制，允许当期未能扣除的余额顺延到下一个申报期进行抵扣。[①]

三 慈善信托的公益性认定：慈善信托获得税收优惠的前提

（一）慈善信托或者公益信托均无法适用上述规定

从上文的相关规定来看，目前可以获得公益性捐赠税前扣除资格的必须是依法登记的具有法人资格的非营利组织，这一条件已经将慈善信托和公益信托都排除在外，因为两者均不具有法人资格。

事实上，根据目前规定，应该存在三种法律地位不同，但是彼此之间在层次上有着递进关系的慈善信托。

第一种，基于慈善目的，但是未经备案的"慈善信托"。此类信托本质上是民事信托，委托人设立时将信托目的确定为慈善目的，但是未依法进行备案，故不得享受税收优惠政策。此类信托的自由度甚大，只要其资助范围不违反法律和公序良俗，均属当事人自由意愿。但是不能以"慈善信托"名义开展活动。

第二种，基于慈善目的，经过备案，但是未能获得税法优惠的慈善信托。这类慈善信托当为目前的状况。截至2019年10月底，在各级民政部门备案的二百多只慈善信托均属于此类。这就凸显一个问题：经过备案的慈善信托得以"慈善信托"的名义开展活动，并受到相关

---

① 《中国慈善税收法律现状、挑战及展望》，王振耀主编《以法促善——中国慈善立法现状、挑战及路径选择》，社会科学文献出版社，2014，第93页。

规范性文件的约束却无法获得税收优惠，在一定程度上出现权利义务不对等的情形，不利于鼓励当事人设立慈善信托。

第三种，基于慈善目的，经过备案，且能获得税收优惠的慈善信托。目前尚无此类慈善信托，因为配套制度尚未出台。

所以，财税部门和民政部门将这一适用于具有法人资格的、符合条件的非营利组织的政策也推而广之适用于信托，是可以通过相关规定的修订实现的。于是问题就会转化为：符合什么条件的慈善信托或者公益信托得以享受公益性捐赠税前扣除资格呢？

从获得公益性捐赠税前扣除资格的非营利组织来看，除了具有法人资格之外，更为关键的问题在于其他条件：其一，在宗旨上要以发展公益事业为宗旨，且不能以营利为目的；其二，在财产规则上要坚持"非营利性"，要求全部资产及其增值为法人所有，收益和营运结余主要用于符合该法人设立目的的事业，终止后的剩余财产不归属任何个人或营利组织，不经营与其设立目的无关的业务，健全的财务会计制度，捐赠者不以任何形式参与社会团体财产的分配；其三，符合其他条件，包括申请前三年内未受到行政处罚，基金会年度检查和评估等级达标，公益性社会团体（不含基金会）年度检查、评估等级、公益支出比例达标。

因此对于慈善信托而言，如果不能对其具体运营和财产规则进行必要的规制，给予其税收优惠政策就会存在导致税收流失之嫌疑。因此有必要构建慈善信托的公益性认定制度，对申请公益性捐赠税前扣除资格的慈善信托进行检测。

（二）慈善信托的公益性认定

1. 境外经验借鉴：以美国和中国台湾地区为例

（1）美国法中的规定

美国法中，慈善信托能否获得免税待遇，必须参照税法中关于免税组织的规定。符合规定要求的慈善信托可以免征所得税，对慈善信托所进行的捐赠也可以在捐赠人的所得税应纳税款中予以扣除。通过这些免税规定，政府能够鼓励和间接补贴服务于公共政策目标的慈善信托。[①] 哪些免税机构可享受慈善捐助的优惠待遇取决于如下因素：捐赠是不是货币和财产的形式，捐赠财产的种类和金额，受捐助者是不是"公共慈善"或者"私立基金会"。国内税法为了防止免税组织从事商业经营，造成其与不免税的商业企业之间的不公平竞争，对免税组织的非免税收入仍然要进行征税。在美国税法中，慈善信托并没有作为特殊的免税组织类型进行规定。但是美国的私立基金会和公共慈善组织大多以慈善信托的形式进行管理。税法中对于这两类机构有明确规定。

税法 501（c）（3）规定可享受税收优惠的机构。

适用美国税法法典 501（c）（3）条款的免税组织范围较宽，税收优惠较多，因此该条款是美国免税组织和慈善捐赠税前扣除相关税收法律的中心条款。501（c）（3）条款所规定的免税组织不仅自己可以免除所得税，而且对其所进行的捐赠也可以享受税前扣除。该条是指"专为以下目的成立和经营公司、社区福利基金、基金或基金会：宗教、慈善、科学、公共安全测试、文学、教育，或为促进全民和国际业余体育竞争，或为防止对小孩和动物的虐待。私人股东或个人不能因此获取净利，没有实质性的宣传活动，不试图影响立法，不代表任何公共职位的候选人参与或干涉任何（反对）政治竞选"。可见，要取得免税资格机构需要满足以下条件。

其一，申请免税的机构必须专为免税目的成立和经营；对申请免税的机构要进行组织和经营状况测试。组织测试要求该机构的组织章

---

① 根据美国税法规定，一般可免征联邦所得税的机构类型包括从促进宗教、教育、医学、科学和其他慈善目的的传统慈善机构到与传统慈善概念联系较少的许多其他机构，其中的一些其他类型的免税机构包括促进社会福利发展的公益团体、劳工组织、农业或园艺组织、全业联合会、商会和贸易协会、为休闲和娱乐设立的非营利俱乐部、按照收容制度经营的共济组织、某些退休基金、人寿保险协会、公墓公司、信用协会以及退休军人俱乐部。

程中要明确从事一个或更多的免税目的的项目，并且不得授权从事实质性的非免税性的活动。同时必须设立内部组织机构，当清算时，可将其财产分配给一个或更多的某种类型的免税机构。经营测试要求501（c）（3）条款所规定的机构完成一项或更多的免税项目。如果未从事实质性的免税活动，该机构不能确认为免税机构。可见，501（c）（3）条款要求该机构必须为免税目的"专门"成立，并有经营机构。要考察一个机构经营活动的目的，主要有以下因素可供参考：利润动机，实质性利润的存在，与商业机构的竞争程度，对志愿者的依赖程度，以及支付给领薪雇员的工资金额，等等。

其二，必须从事该法所规定的公益目的的活动。501（c）（3）条款认可的免税机构的目的是：为宗教、慈善、科学、公共安全测试、文学、教育，或为促进全民和国际业余体育竞争，或为防止对小孩和动物的虐待。

其三，私人利益的禁止（禁止利润分配）。501（c）（3）条款要求免税机构的任何利润不能给予私营股东和个人。这是营利组织和非营利组织之间最为明显的差异。非营利组织可以开展一定形式的经营性业务而获得剩余收入，但是这些收入不能作为利润在成员之间进行分配。这一原则即"禁止分配原则"。

其四，不得为立法游说和政治目的服务。501（c）（3）条款所规定的机构不得从事实质性的宣传活动或其他影响立法的活动（通常被称为"立法游说"）①；不得参加或干预公职候选人的政治选举（这类活动有时被称作"竞选活动"）。

---

① 影响立法是试图通过影响公众对立法的意见，或通过与立法机构的座员或政府官员交流来影响立法。对立法游说的限制并不是一概禁止，许多501（c）（3）条款所列机构在"游说"不认为有"实质"性和危及501（c）（3）条款所确认的身份的情况下，可以在法律允许的范围内从事游说活动。因此，如果一个大机构用总支出的一小部分影响立法，仍然是一大笔钱。为了确定机构在这方面的行动是不是实质性的，法典和规定允许机构按照货币指导原则第501（c）条款限定的金额从事这类活动。如果支出超过了限定金额，机构应就超过履额支出部分缴纳消费税。

首先，公共慈善机构的资格。①

除非符合公共慈善机构的条件，否则 501（c）（3）条款中规定的机构都被视为私立基金会，应执行私立基金会的规定。一般说来，是否符合公共慈善的条件，取决于：机构及其活动的性质，资金来源和比例，与一个或更多具体种类公共慈善机构的关系。第一类，其类型和从事的活动符合以下情况：教堂、教会规定和协会；教育机构；提供医院护理、医学教育和研究。此外，附属国有的教育机构，按照 501（c）（3）条款成立和经营的某类政府机构，以及测试公共安全的某些机构符合公共慈善的条件。第二类，属于公共支持的机构。除上面提到的传统的公共慈善机构之外，另外两种类型的公共慈善机构资格主要取决于其资金的来源和比例。这两类公共慈善机构被称为"公共支持机构"。第一种情况是：收到的基本财政支持中至少有三分之一来自一般公众、政府机构、某些符合公众支持条件的其他机构，或以上所有机构以捐赠和出让形式的支持。第二种情况必须满足两个条件：不到三分之一的财政支持为投资所得或与机构慈善目的无关的商业活动的所得，并且至少三分之一的基本财政支持来自捐赠、会员金和机构因为实现慈善目的而产生的所得。② 第三类，属于支持机构。"支持机构"为一个或更多具体符合条件的公共慈善机构成立和经营，并且只有当"支持机构"由受益机构经营、监督或控制时。

其次，私立基金会。

501（c）（3）条款中规定的所有机构，如果不符合公共慈善机构

---

① 参见 Warda, Mark, *How to Form a Nonprofit Corporation*, Sphinx Publishing, 2000, p. 11。

② 如果有事实证明其受到大众支持的，也可被认定为公共慈善机构。根据 501（a）（3）和 501（a）（4）的规定，若该组织不符合上述两个标准，如果其年度总捐款中有十分之一来自大众支持，并且确实执行了具有持续性和对公众有足够吸引力的特别计划的，由国内税务局根据以下五种因素综合判断其是否为公共慈善组织：（1）大众支持比例；（2）支持的来源；（3）管理组织；（4）大众自该组织获得的利益；（5）该组织的成员与参与者。

的条件，都将被视为私立基金会。私立基金会又可以分为各种类型。这些分类涉及捐赠人将捐给私立基金会的捐款从其应纳税所得中扣除的额度。私立基金会在美国社会非常活跃，因为除了教堂、医院、博物馆、图书馆等传统公共基金会之外，社会公益事业几乎全部由私立基金会来推动。私立基金会是指由私人财富为公益目的所设立的通常永久存续的基金会，可以采用非营利法人或者信托方式。如果考虑到设立上的便利和管理上的经济，一般多采用公益信托方式。美国私立基金会具有三个共同特征：第一，私立基金会中最初的基金通常主要来源于一个家庭的大宗财产或者是特别经营公司的财产；第二，私立基金会主要将其资产进行投资，以期获取所得来达到公益目的，而不主要依靠新的捐款和本基金会以外的其他基金；第三，私立基金会通常向公共慈善机构捐款，以寻求达到其公益目的，而不是基金会自己来直接实施公益项目。但是也并非一概如此。① 对于私立基金会，美国有比对公共慈善机构更为复杂的法律要求。这是因为考虑到私立基金会很可能是由一个人或一小群人组建，会更多关注私人利益而非公共利益，所以法律的限制性规定是为了确保其公益性；另外，这是增强私立基金会的公信度的需要，削弱这些基金会将其个人收益捐赠给与它们密切相关的个人和机构的可能性。这些特殊规定包括：第一，对私立基金会要征收投资所得的消费税，即对私立基金会的净投资所得征收税率为2%的年消费税，其目的是冲抵执行私立基金会规则的政府成本；第二，禁止内部交易，适用于私立基金会与特定人之间的交易，即与私立基金会关系密切的人或机构，包括实质捐赠人（例如创建者）、官员、董事、理事以及与基金会相关的有类似责任的人员，在私立基金会实质捐赠人的经营企业中占有一定比例所有权收益的人员，前面所提到的任何家庭成员，以及前面所提到的拥有实质利润或

---

① 在私立基金会中有一种类型是事业经营型私立基金会，是指自身直接经营公益事业的私立基金会，例如一个私立基金会经营了一家艺术博物馆，它用其投资所得为其收藏购买了新的艺术品，即属于事业经营型私立基金会。

收益的某些公司、合伙企业、信托和财产公司等；① 第三，对于私立基金会的基金出于其公益目的进行分配有一个最低分配数量要求，基本上相当于基金会投资资产价值的5%；第四，其他规则还包括"过度经营持有"限制、禁止危险投资、"税式支出"限制。②

再次，可从应纳税所得额中扣除的公益捐款。

对符合上述条件的公共慈善机构和私立基金会，其自身享有免除所得税的同时，向这些机构所捐赠的财产也可以从捐赠人的应纳税所得额中扣除。但是，对捐款人在一个纳税年度内能从其他应纳税所得中扣除还有比较复杂的限制。通常，在一个纳税年度内，慈善捐款的扣除额不能超过该捐款人调整后所得的50%，公司不能超过10%。③

最后，申报表、报告和向公众披露。

获得免税资格的公益信托需要填写联邦政府的年度申报表。这些申报表提供了免税机构的基金来源和运行详细情况。例如，公共慈善

① 需要注意的是，在私立基金会与特定人之间被禁止进行的直接或间接内部交易的行为包括：财产的销售交换和租赁；借款或其他信贷的扩展；商品、服务或设备的提供；补偿金的支付；私立基金会所得或资产转让给不合格者使用。但是以下情况除外：用于基金会慈善目的的无息贷款；向基金会无偿提供商品、服务或设备并用于基金会的慈善目的；向不合格者提供商品、服务和设备是基于没有更合适的公众成员可提供；为个人服务支付补偿金是为了实施基金会的慈善目的，要求补偿金支付不能过量。

② "过度经营持有"限制通常适用于私立基金会及其在没有实施公益行为的经营企业中不合格者所持有的所有权比例。禁止危险投资规则作为普遍的要求是指私立基金会不应该将其资产以风险的方式超出公益目的进行投资。"税式支出"限制涵盖了大量的单列条款，最重要的一条是：禁止私立基金会从事上面所提到的立法游说或竞选活动；禁止向个人旅游、学习或类似目的的捐款，除非经过某些事先批准的程序；禁止向不合格机构捐款除非它们是符合公共慈善机构资格或保留监督和报告要求的基金会；基金会的所有支出是为了税法所提到的公益目的之一。

③ 管理捐款的税收扣除条款有两个主要特点：第一，向公共慈善机构捐款要优于向私立基金会捐款，这是因为公共慈善机构更容易获得更多的公共支持和担负相应的更大公共责任；第二，对现金和财产的捐赠有不同的待遇，这是考虑到评估财产的固有困难。

机构的申报表，要求任何个人来源超过 5000 美元的赠与要分项列出；向官员和董事们支付的补偿金，披露机构的所有捐款、赠与和捐助要列表。申报表要求机构要阐明这些事项：是否从事过不允许的竞选活动，接受非关联经营所得，或从事自行交易或其他违反私立基金会规则的交易。如果有从事上述一种或几种交易要额外附上报告。年度申报表通常向公众公开接受监督，没有按照法律要求填写申报表的要受到惩罚，没有提供申报表和报告的要受到民事和刑事处罚。

（2）我国台湾的税收优惠

公益信托可以享受各种税收优惠。

其一，公益信托可以享受"所得税法"中的优惠，但是得符合相关条件：①受托人为"信托业法"所称之信托业；②各该公益信托除为其设立目的举办事业而必须支付之费用外，不以任何方式对特定或可得特定之人给予特殊利益；③信托行为明定信托关系解除、终止或消灭时，信托财产移转于各级政府、有类似目的之公益法人或公益信托。其二，公益信托适用捐赠规定的优惠。依"所得税法"第 6 条规定，个人及营利事业成立捐赠或加入符合"合同法"第 4 条规定之公益信托的财产，适用第 17 条及第 36 条有关捐赠之规定。

公益信托得以享受遗产税的优惠。遗赠人、受遗赠人或继承人提供财产，捐赠或加入被继承人死亡时已成立的公益信托，并符合下列各款规定的，"遗产及赠与税法"第 16 条第一款规定，该财产不计入遗产总额：①受托人为"信托业法"所称的信托业者；②各该公益信托除为其设立目的举办事业而必须支付之费用外，不以任何方式对特定或可得特定之人给予特殊利益；③信托行为明定信托关系解除、终止或消灭时，信托财产移转于各级政府、有类似目的之公益法人或公益信托。

公益信托得以享受赠与税的优惠。因委托人提供财产成立、捐赠或加入符合"遗产及赠与税法"第 16 条规定的公益信托者，受益人可以享有信托利益的权利，依第 20 条规定，不计入赠与总额。

公益信托还享受营业税和房屋税的优惠。根据"营业税法"第8条规定，受托人因公益信托而标售或义卖的货物与举办的义演，其收入除支付标售、义卖及义演之必要费用外，全部用于该公益事业的，免征营业税。根据"房屋税条例"第15条规定，经目的事业主管机关许可设立的公益信托，其受托人因该信托关系而取得的房屋，直接供办理公益活动使用者，免征房屋税。

2. 慈善信托公益性认定

从上述规定可以得出，美国法中的慈善信托设立环节无须批准，但是需要经过组织检测和运营检测，符合税法规定之后方可取得免税资格；而我国台湾地区的公益信托须经行政许可方可设立，但是一经许可设立，便可直接享受有些税收优惠，例如免征房屋税；或者许可设立之后，符合相关条件的，也可享受所得税、遗产税、赠与税等税种的减免。综合考量这些条件，集中在两个方面。

（1）目的的公益性

首先来审视信托法中的公益信托的目的。我国《信托法》借鉴了日本和我国台湾地区的相关规定，以列举的方式规定了具体的公益目的，但是在最后一项中又有开口条款，兼具明确性和弹性特点。根据《信托法》第60条的规定，公益信托中的公共利益目的包括以下几项内容：救济贫困；救助灾民；扶助残疾人；发展教育、科技、文化、艺术、体育事业；发展医疗卫生事业；发展环境保护事业，维护生态环境；发展其他社会公益事业。这一规定与我国的《公益事业捐赠法》是一致的。下面我们逐项进行分析。

救济贫困、救助灾民、扶助残疾人。救济贫困这一公益目的并不是日本法、韩国法或者我国台湾地区所列举的内容，反而源自英美法。对于救济贫困的理解，一般认为向那些需要的人提供衣食住行等生活必备用品的，都属于这一类别的目的。救济方式可以多种多样：可以给予贫困者以金钱或者物质；或者以低价格租赁房屋的；或者为了确保就业而提供援助、建造宿舍或者其他公益设施的。在信托文件中无须阐明具体救济的方式，只要是为了贫困者或者贫困者的利益，具体的受益人由受托人去确定，都可视为公益信托；甚至有时都无须指明贫困者，如写明是"为了孤儿和寡妇"，也可以理解为"贫困的孤儿和寡妇"。值得注意的是，如果信托是为了救济与委托人有特殊关系、亲属关系、雇佣关系等的特定的个人，该信托不得被认为是公益信托。[①] 救助灾民是指对遭遇自然灾害的人提供救助。扶助残疾人也是对那些残疾人提供适当的帮助。

需要注意的是，我国《信托法》对这三项分别进行规定。但是日本、韩国和我国台湾地区没有分别列举，而是适用了"慈善"这一概念。根据日本学者的讲解，所谓慈善一般就是针对救济贫困而言的，只要是对贫困者给予生活费、医疗费、学费，以及对孤寡老人或生活苦难的人加以安养，或者收养孤儿或弃婴，乃至于对因孤僻、失业、失恋、疾病等不幸事情而有自杀倾向的人给予保护、救济等，都属于慈善目的的信托。也就是说，只要事关社会福利，都属于这一类。而且在确定贫困救助的标准时，不是以社会最低生活保障费为依据，而是要看救助对象是否有救助的必要。[②]

发展教育、科技、文化、艺术、体育事业和发展医疗卫生事业。这些属于我国传统的科教文卫领域。积极发展科教文卫事业不仅能为国家和社会培养和输送大量的高素质科技人才，而且能够丰富人们的文化生活，改善人们的精神面貌，增强人们体质。长期以来，我国的科教文卫事业费主要来源于国家的财政支持，但是这远远无法满足社会需求。以发展科教文卫事业为信托目的的信托，应该被视为公益信托，扶持以国家优惠政策。这些目的也属于各国确认的公益目的范围。例如英美法中的"促进教育的公益信托"和"促进

---

① 英国法中有"穷亲戚案件"，指的就是将受益人限定为委托人的亲戚的救济贫困的信托不被认为是公益信托。

② 参见〔日〕田中实《公益法人与公益信托》，劲草书房，1986，第75页，转引自赖源河、王志诚《现代信托法论》（增订三版），中国政法大学出版社，2002，第212页。

健康的公益信托"，日本、韩国和我国台湾地区则分别列举了"文化、学术、技艺"事项。①

发展环境保护事业，维护生态环境。环境与人类生活息息相关，发展环境保护事业作为公益目的毋庸置疑。

发展其他社会公益事业。我国《信托法》就公益之种类，除上述项目外，以"其他社会公益事业"概括，以免挂一漏万。例如宗教目的和祭祀目的问题。值得注意的是在有些国家和地区将宗教和祭祀目的也作为公益目的。宗教公益信托是指以宣扬宗教教义、兴建宗教设施为目的设立的信托。宗教，包括佛教、道教、基督教、天主教、伊斯兰教及其他新兴宗教等。宗教的教义或仪式不得违反公共秩序或善良风俗。如果教义或仪式违反公序良俗，应认定为其不具有公益性。祭祀公益信托是指以祭祀为目的设立之信托。祭祀也必须符合公益性，例如祭孔、祭祀先烈等，即公众皆能参与的祭祀。若只限定特定个人或家族才能参加的，不能认定为公益信托。② 我国《信托法》中没有类似规定。但是笔者认为，可以通过《信托法》中"发展其他社会公益事业"的规定来确认其是否具有公益性。

大陆法国家为了缓和僵硬的法律条文对现实的艰难回应，往往会用"其他社会公共利益"概括未能详尽列举的公益目的。那么对于

---

① 根据学者的阐释，这里的"文化"是指社会由野蛮进化到文明期间努力所得的成绩，其表现于各方面包括科学、艺术、宗教、道德、法律、风俗、习惯等的综合体系，也就是只要从事有关人类文明的事务，即与文化有关，而符合公益目的。"学术"是指学问和艺术。学问重在追求真理，乃理性的，艺术则属于观感的。两者存在差别，但是也有重叠的部分。"技艺"应作为狭义解释，是指科学技术乃至于工业技术方面。赖源河、王志诚：《现代信托法论》（增订三版），中国政法大学出版社，2002，第212～213页。

② 也有学者认为，祭祀是慎终追远的活动，可以直接归入文化的范畴，可以考虑删除。参见方国辉《公益信托概说与法制初探》，《经社法论丛》第12期，1993，第9页。但是有学者持相反观点，认为祭祀是传统观念，即使特别予以列举和强调，也没有什么不妥的。参见赖源河、王志诚《现代信托法论》（增订三版），中国政法大学出版社，2002，第215页。

"其他社会公共利益"如何界定呢？依照日本学者的观点，"其他社会公共利益"应当包括：动物的保护；促进休闲活动；促进国防或地方防卫；推展体育活动；促进社区的进步；提供公益设施及其他。① 这样就有必要在审视具有上述所列举的公益目的之外的信托目的是否属于公益目的时，考察所应该考虑的因素。可以区分为客观说和主观说。客观说认为，考察信托目的是否具有公益性，应该就该信托的内涵进行探讨，注重其客观实效，无关乎捐赠者的主观动机。①是否存在利益？公益信托以谋求社会公共利益为目的，因此必须存在这样的利益。如果利益的内容过于抽象，难以证明，应该不认定其为公益信托。②②该利益是否合法？所谓利益合法是指公益信托的设立不得以不法为目的。③该利益是否具有公共性？是指利益的内容应该有助于社会安全和文明，对于社会大众具有方便性和实用性。④受益对象是否不确定？受益对象须为不特定的人。这里是指最终受益者需要不特定。③主观说则认为，判断一个信托是否具有公益性，本身就是一个价值判断。法官在具体个案中，是以自己的价值观或者可能的多数价值观去判断的，在实现委托人意愿和对社会所可能产生的危害之间进行权衡，以排除法进行判断。所以应该从这两个方面进行考察。第一，从委托人的立场来观察。认为只要基于委托人的理性，而且没有违反一般法律以及公序良俗的规定，法院应该相信其有利于公共利益。第二，考察信托对社会可能产生的影响。即通过具体的个案判断进行归纳，将

① 〔日〕田中实：《公益法人与公益信托》，劲草书房，1986，第80~85页，转引自郑策允《公益信托法律制度之研究》，硕士学位论文，台湾辅仁大学法律研究所，1999，第13页。
② 英国1949年的 *Gilmour v. Coats* 一案中，法官认定以协助专事冥修祈祷的修女为目的所为的捐赠，不具有公益性，理由就在于，修女的祈祷是否确如修道院所宣扬的那样有助于人类的幸福与和平，难以具体证明。而且在英国1601年的《慈善用益法》中，已经将鼓励女性结婚规定为法定公益目的，所以该项捐赠不具有公益性。
③ 参见赖源河、王志诚《现代信托法论》（增订三版），中国政法大学出版社，2002，第216~218页。

那些绝非属于公共利益的目的排除出去。例如违反法律或者公序良俗的，以推翻他国政府为目的的，等等。对于考察这两个因素，法院应该持宽容态度，即如果信托不违反法律和公序良俗，只要是委托人理性的意愿表达，就应该认为此方式合乎公共利益。①

其次来审视《慈善法》中的慈善信托的目的。《慈善法》第 3 条规定："本法所称慈善活动，是指自然人、法人和其他组织以捐赠财产或者提供服务等方式，自愿开展的下列公益活动：（一）扶贫、济困；（二）扶老、救孤、恤病、助残、优抚；（三）救助自然灾害、事故灾难和公共卫生事件等突发事件造成的损害；（四）促进教育、科学、文化、卫生、体育等事业的发展；（五）防治污染和其他公害，保护和改善生态环境；（六）符合本法规定的其他公益活动。"这一定义无疑继承了《公益事业捐赠法》对公益事业的界定，但又有新的发展，使得慈善的基本概念更能适用于整个慈善或公益事业的发展。对于《公益事业捐赠法》和《信托法》已有的列举事项——救助灾害、救济贫困、扶助残疾人等困难的社会群体和个人的活动，教育、科学、文化、卫生、体育事业，环境保护等等，《慈善法》均可以明确地或可解释地纳入其中。《慈善法》的表述更显完整，如将原有"救助灾害"扩大至"救助自然灾害、事故灾难和公共卫生事件等突发事件造成的损害"。②

这一条还明确了慈善活动的基本原则，即坚持自愿、无偿、非营

---

① 参见姜博译《公益信托与公益目的之实践》，硕士学位论文，台北大学，2001，第 56～57 页。

② 英国立法中"慈善组织"主要是指：为了广泛的公共利益而设立，非营利、非政府、从事各种慈善性公益活动的组织。传统英国慈善法的定义为：扶贫、发展教育、传播宗教和其他公益目的。而新的慈善法案将原先的四项基本慈善目的扩展为十项，旨在适应现代慈善事业发展的需要。现在慈善目的包括：促进教育；促进宗教；促进健康卫生；促进公民权利和社区发展；促进艺术、（文化）遗产和科学；促进业余体育；促进人权和冲突的解决；救助需要帮助的人，如老弱病残者、经济困难者或其他弱势者；改善动物的处境；其他可进一步细分的目的。

利的原则，并不得从事与慈善宗旨无关的活动。但是对于国际通行的慈善活动的非宗教性和非政治性的界定，未能予以明确。可能顾及我国的特殊国情和避免不必要的误解，通过立法解释也可以达到目的，因此在这里不予特殊表明。

需要指出的是：公益目的之界定有两个层面。一者，是对慈善活动的事业领域的限定，就如同《信托法》规定公益信托是为"公共利益目的之一"设立的信托①或者《公益事业捐赠法》将"公益事业"定义为"非营利的特定事项"。②《慈善法》对慈善活动进行界定时也罗列了"公益活动"的具体类型。③ 目前现行法中关于"公益事业"、"公益活动"或者"公益目的"的法律规范大同小异，都不仅包括传统慈善的含义，也涵盖了现代公益的内涵。但是事业领域的限定并不充分，因为任何社会事业都可以营利法人的方式来经营，例如从事教育事业的营利性民办学校或者致力于公共卫生事业的营利性医疗机构等。故须附以诸如非营利性等其他限制，例如《公益事业捐赠法》中强调"非营利"，实乃强调不得分配利润。二者，则是根据受益人是否特定来区分私益与公益。受益人为不特定的社会公众或者社会公众的一部分④方符合法律上的"公益目的"。⑤ 我国法律法规中一般以"面向社会"或者"面向社会公众"来表达这一特征。例如《慈善法》关于慈善组织界定要求"以面向社会开展慈善活动为宗旨"作为条件之一。⑥ 再如民政部要求申请获得公益性捐赠税前扣除资格的社会团

---

① 《信托法》第 60 条规定。

② 《公益事业捐赠法》第 3 条。

③ 《慈善法》第 3 条。

④ 此处公益强调社会全体或者不特定多数人的利益。参见龙卫球《民法总论》（第二版），中国法制出版社，2011，第 337 页。

⑤ 参见黄立《民法总则》，中国政法大学出版社，2002，第 124 页；郑玉波《民法总则》，中国政法大学出版社，2003，第 116 页；金锦萍《论公益信托之界定及其规范意义》，《华东政法大学学报》2015 年第 6 期，第 75 页。

⑥ 《慈善法》第 8 条。

体首先需"有确定的公益目的"，除了"社会团体设立的宗旨、目的、业务范围等应当符合《公益事业捐赠法》相关规定"之外，尚要求"服务对象面向社会公众"。

简而言之，确定公益性目的，需要满足几个条件：符合法定的事业范围，面向不特定的社会公众，以及坚持非营利的原则。因此就有必要明确慈善信托存续期间的财产规则。

（2）财产运行的相关规则

须坚持慈善目的的唯一性，体现在财产规则上便是所有的信托利益均须用于慈善目的。诚如美国法中的"禁止分配原则"和我国台湾地区要求"不以任何方式对特定或可得特定之人给予特殊利益"，我国大陆也要求申请公益性捐赠税前扣除资格的社会组织必须符合"非营利性"的要求，具体条件为：全部资产及其增值为该法人所有；收益和营运结余主要用于符合该法人设立目的的事业；终止后的剩余财产不归属任何个人或营利组织；不经营与其设立目的无关的业务；健全的财务会计制度；捐赠者不以任何形式参与社会团体财产的分配。此即目的锁定以及禁止分配原则的体现。

信托财产的独立性使其尽管无独立的法人人格，却能够实现信托财产与其他财产的隔离。正是在这一意义上，我们讲信托财产是目的财产。因此也就要求信托财产的全部增值、收益和营运结余均得用于信托设立时所确定的公益性慈善目的；信托终止之后也应根据近似原则，将剩余财产用于与目的最为近似的其他慈善目的。比较值得研究的是在信托存续期间，为了信托财产的增值保值所进行的营利性活动是否须遵守类似于慈善组织的相关规则，以及是否需要如同慈善组织一般，受到年度最低公益支出比例的限制。这些问题目前法律尚未明确。但是当慈善信托申请获得税收优惠时，势必要考虑与已经获得免税资格的社会组织之间的平等问题。

四 完善公益信托（或者慈善信托）税制的建议

诚如上文所述，尽管我国《信托法》第 61 条规定"国家鼓励发展公益信托"，但是这是原则性规定，对于实施怎样的鼓励政策则无下文。国家通过税收优惠促进公益慈善事业发展，存在两个层次的优惠政策。第一层次是公益性捐赠人在转移财产给从事公益事业的组织时享受税前扣除捐赠额优惠。第二层次是对于从事公益事业的组织本身给予税收优惠政策。体现在慈善信托或者公益信托上，则是委托人设立公益信托（或者慈善信托）或者他人对公益信托进行捐赠的，可以享受到税前扣除捐赠额优惠。此外，公益信托（或者慈善信托）在运作过程中也应该享受税收优惠。

对于第一层次的税收优惠，我国《公益事业捐赠法》对捐赠财产用于公益事业规定了税收优惠措施。该法规定，公司和其他企业依照该法的规定捐赠财产用于公益事业，依照法律、行政法规的规定享受企业所得税方面的优惠；自然人和个体工商户依照该法的规定捐赠财产用于公益事业，依照法律、行政法规的规定享有个人所得税方面的优惠；境外向公益性社会团体和公益性非营利的事业单位捐赠的用于公益事业的物资，依照法律、行政法规的规定减征或者免征进口关税和进口环节的增值税；对于捐赠的工程项目，当地人民政府应当给予支持。

但是法律并未规定公益信托（或慈善信托）的设立者及信托本身得以享受税收优惠。尽管根据有关立法机构的解释，公益信托可以适用税收方面的优惠规定，[①] 但是从现行《个人所得税法》《企业所得税法》及其配套制度的规定可以得知，我国对于受赠的组织作了

---

① 参见卞耀武主编《中华人民共和国信托法释义》，法律出版社，2002，第 153~154 页。

严格限制。公益信托肯定不属于《个人所得税法实施条例》中所规定的"社会团体和国家机关"的范畴之内，也不属于《企业所得税暂行条例实施细则》中的"经民政部门批准成立的其他非营利的公益性组织"。对于第二层次的税收优惠，则更没有相应的法律规定，只是有零散的国家税务总局的通知，比如对住房专项维修基金免征营业税。① 因此有必要完善法律规定，落实慈善信托（或者公益信托）的税收政策。

（一）信托课税原理与实践

在讨论慈善信托（或者公益信托）税收优惠问题之前，有必要先来讨论一下信托行为的课税问题。信托制度自其开端始，便成为规避法律的通道。在信托税制设计上，若稍有不慎，就会导致税负的不公平和规避税收负担现象的出现。② 目前，对于信托课税有两种基本理论：信托实体理论和信托管道理论。前者把信托财产视为纳税主体，承认信托所增加的利益可以累积及储存在信托财产中。这样的设计会导致受托人可用延缓交付期间，调整所得年度，容易滋生租税规避行为。后者则把信托定位为委托人与受益人之间单纯的财产输送管道。采取这一理论，则信托中增加的利益被认为已经直接由受益人享有。信托财产的年度所得即为受益人的年度所得，没有延缓税负的必要。而且因为这一理论采用起来经济方便，符合税负公平原则，因此目前实施信托制度的国家大多采用这一理论。③ 依此理论，信托税制得坚

---

① 参见《国家税务总局关于住房专项维修基金征免营业税问题的通知》（国税发〔2004〕69号）："住房专项维修基金是属全体业主共同所有的一项代管基金，专项用于物业保修期满后物业共用部位、共用设施设备的维修和更新、改造。鉴于住房专项维修基金资金所有权及使用的特殊性，对房地产主管部门或其指定机构、公积金管理中心、开发企业以及物业管理单位代收的住房专项维修基金，不计征营业税。"

② 目前在实务中运用信托方式节省税负主要通过以下方式：将适用高税率的委托人所得转移给低税率的受益人，降低所得税的课征；通过隔代信托降低遗产税负；委托人控制信托财产，利用信托方式从事可享受租税优惠的活动；等等。

③ 参见李素兰《信托行为课税实务探讨》，硕士学位论文，中原大学，2003；邢成、韩丽娜《信托税制及其建立原则研究》，《现代财经》2003年第9期，第8页。

持四个原则。一者，税收中性原则。这一原则源于税收平等原则，要求对于有相同经济支付能力的纳税义务人，税负相同（水平平等）；而具有不同纳税能力者，则税负不同（垂直平等）。二者，发生主义课税原则。信托财产所产生的所得或者收益为受益人所直接享有，那么当所得或者收益发生时，即产生纳税义务。① 三者，实质课税原则。信托制度的最大特色便是信托财产上的"权""利"分离。实质课税原则主张当信托所得或者收益产生时，在表面上尽管归属于受托人，但是受托人并不因此获得实际利益，所以应将受托人取得的这部分信托利益排除在纳税范围之外。四者，对于经过公益性检测的慈善信托施行税收优惠政策。

　　信托课税实践方面所涉及的事项众多，例如信托的设立、转移、管理和处分等阶段，与其相关的就有所得、经营、赠与、登记等税收环节。② 因此对于信托的征税应该从信托的设立、转移和管理信托财产、分配和受领信托利益等阶段逐一认定。各国在上述原则的指引下，都建立了各有特色的信托课税制度。例如在信托设立环节，委托人把信托财产转移给受托人。在这个环节上，各国法律规定不尽相同。英国不征收所得税，但是需要征收印花税，印花税的纳税主体是委托人，而且除非信托文件另有约定，否则不得以信托财产支付税金。美国也是如此，这个环节只涉及印花税。日本在这一环节则对财产转移课税，包括不动产取得税、有价证券交易税和转让所得的课税。在受托人管理、运用和处分信托财产环节，美国只有在受托人累积信托收益而非分配时才对信托自身进行征税；日本税法认为信托财产不属于受托人

---

① 不同于与信托实体主义相对应的实现主义课税原则。后者当因信托财产产生所得或收益时并不产生纳税义务，而等到受益人真正取得信托利益时才有纳税义务。

② 这部分内容请参见邓晖《信托财产课税问题探析》，《当代财经》2002 年第 3 期；邢成、韩丽娜《信托税制及其建立原则研究》，《现代财经》2003 年第 9 期；安体富、李青云《英、日信托税制的特点及对我们的启示》，《涉外税务》2004 年第 1 期；欧阳白果、张军建、王晓东《我国信托税制的困惑及应对原则》，《长沙铁道学报》（社会科学版）2004 年第 6 期。

的财产，所以对信托收益的课税是对受益人的课税；英国法只涉及印花税信托利益交付环节，是对受益人所受到的信托利益的课税。在日本，涉及赠与税、企业所得税和个人所得税。美国税法中，如分配信托所得的，对受益人征收所得税，如留存在信托财产内的，则信托财产应就此纳税。在英国税法中，信托的全部收益都得纳所得税（不管其最终归属），其税率也适用所得税的税率。① 信托关系终止时转移财产权环节。英国在这个环节不征收所得税，但是征收印花税。日本则要求各信托关系人有申报缴纳所得税的义务。从中可以看出，各国对于信托财产的形式转移，不征收所得税。即在信托行为成立，委托人将信托财产移转给受托人，或者中途变更受托人时，新旧受托人就信托财产发生移转都不缴纳所得税。信托收益要征税，有所得税和赠与税之分。同时，各国对于经过公益性检测的慈善信托都有优惠的税收政策。

我国目前对于信托征税税制的规定比较凌乱，而且存在一定的盲点。我国目前的《个人所得税法》和《企业所得税法实施条例》都没有把受托人受让信托财产列为所得税的情形。但是同时没有开征赠与税。所以在信托课税过程中存在一系列的问题，主要体现在：重复征税②，税负不公③以及信托税收政策缺乏明确、稳定的政策意图。④ 同

---

① 为了避免当事人通常通过累积信托和自由裁量信托转移收入、降低税负，英国税法还规定，累积的收益或者根据自由裁量进行分配的收益按照34%的统一的税率缴纳所得税外，还需要缴纳11%的附加税，当然这一规定不适用于公益信托。

② 是指信托成立时就信托财产转移发生的纳税义务与信托终止时信托财产真实转移所产生的纳税义务重复；信托存续期间信托收益产生的所得税纳税义务与信托收益分配时产生的所得税纳税义务重复。

③ 以我国目前的证券投资基金为例。当前我国对证券投资基金实施特殊的优惠政策：不仅免征募集基金的营业税以及得自证券市场收入的企业所得税，而且对个人投资者从基金分配中获得的股票差价收入免征个人所得税。导致了证券投资基金税负低于其他信托经营活动的税负不公问题。

④ 参见安体富、李青云《英、日信托税制的特点及对我们的启示》，《涉外税务》2004年第1期，第41页。

时由于没有开征赠与税，在他益信托的情况下，信托可能成为避税的管道。对于慈善信托和公益信托的政策则更加不明朗。

（二）具体制度设计

从上述分析看来，我国目前关于公益信托的税收优惠政策比较分散，不系统则由于整个信托税制问题还没有能够厘清，所以对于公益信托问题也莫能例外；此外，公益信托这一方式还没有被实践所广泛采纳，这方面的呼声还很微弱，在如何预防公益信托成为避税管道问题上还需谨慎。如果能够在公益信托税赋优惠问题上有一个明确的规定，将有助于促进社会公益事业，而且有别于传统从事公益事业的方式，通过专业的信托公司经营管理，可以实现有效的资金运行，促进收益的最大化和全部运用于公益事业。为此提出以下建议。

在第一层次的税收优惠问题上，扩大免税组织的认定范围。目前仅仅将受捐赠的组织限定于"社会团体和国家机关"，并且公益目的仅仅限定于教育、救灾济贫等公益事业，显得过于狭窄。建议国家出台专门的法律法规来明确能够取得免税资格的组织，这样设立符合免税资格的公益信托以及捐赠给这样的公益信托的个人或者企业，在法定范围内可以享受税前应纳税额扣除优惠政策。

在第二层次的税收优惠问题上，则需要更为详尽的规定。首先需要厘清信托税制本身的一些问题，以避免重复征税和税负不公，遵照信托导管原理，制定对于公益信托的优惠政策。具体政策制定建议如下。

（1）公益信托设立环节。在这一环节，委托人把财产转移给受托人。根据我国《信托法》的规定，并不涉及财产所有权的转移，所以不应该征收受托人的所得税。在以后开征赠与税和遗产税（如果是以遗嘱方式设立公益信托的）的情况下，也建议予以免除。

（2）在受托人管理、运用和处分信托财产环节。这一环节是受托人对信托财产实施管理，以获得收益。需要注意的是，受托人并不享有这部分，而应该是受益人享有。所以不得对受托人征收所得税。而且对于受托人在营运信托财产过程中的一些税赋，例如营业税、契税、土地使用税、房产税等也应该予以减免。

（3）信托利益分配环节。这一环节是受托人根据信托文件中的目的将信托利益分配给受益人。受益人是否应该缴纳所得税呢？从法律原理上来讲，这部分利益应该属于委托人的赠与，由于我国目前还没有开征赠与税，所以应该免除；在开征赠与税的情况下，则应该予以征收。

（4）公益信托终止环节。在此环节，根据《信托法》的规定，信托文件中明确规定剩余财产归属的，如果是归于委托人本人，那么不涉及财产的变动，所以无须征税，如果归属于委托人之外的任何特定的自然人或者单位，应该属于赠与行为，按照赠与税（我国目前还没有开征）的方式处理。如果没有信托财产权利归属人或者信托财产权利归属人是不特定的社会公众的，经公益事业管理机构批准，受托人将信托财产转移给具有近似目的的公益组织或者其他公益信托的，不应该征收所得税、赠与税等。

【本章小结】 税收减免是权利而非优惠

税收优惠政策是国家对于公益信托（和经过公益性检测的慈善信托）的最为重要的一种鼓励政策，尤其在开征遗产税和赠与税的前提下。目前由于我国还没有开征这两项税，因此在比较私益信托和公益信托问题上，对公益信托的优惠几乎凸显不出来。在对公益信托的税收上应该涉及两个层次的优惠政策：其一，委托人设立公益信托或者他人对公益信托进行捐赠的，可以享受到税前扣除捐赠额优惠；其二，公益信托在运作过程中也应该享受税收优惠。税收问题的确不会是决定公益信托设立人意愿的最大因素。因为再怎么优惠其所享受到的经济上的利益也不会大于其不设立公益信托时的利益。但是税收优惠政策是国家对公益事业的一种财政支持，也是对从事公益事业的人的一种肯定。这样的意义不仅仅在经济利益上，更在于其政策导向和价值提倡。

《慈善法》中的慈善信托事实上是具有慈善目的的民事信托，故其旨趣在于充分尊重当事人意愿，并且经备案即可设立。但是若要获得税法上的认可并得以享受税收优惠政策，那么就需要经过公益性认定这一程序，将《慈善法》中的慈善信托分为两种：经过备案且通过公益性认定进而享受税收优惠政策的慈善信托和经过备案但是未经公益性认定因而不享受税收优惠政策的慈善信托。而后者才是属于公益信托的慈善信托。

附　件

《中华人民共和国慈善法》节选

第五章　慈善信托

第四十四条

本法所称慈善信托属于公益信托，是指委托人基于慈善目的，依法将其财产委托给受托人，由受托人按照委托人意愿以受托人名义进行管理和处分，开展慈善活动的行为。

第四十五条

设立慈善信托、确定受托人和监察人，应当采取书面形式。受托人应当在慈善信托文件签订之日起七日内，将相关文件向受托人所在地县级以上人民政府民政部门备案。未按照前款规定将相关文件报民政部门备案的，不享受税收优惠。

第四十六条

慈善信托的受托人，可以由委托人确定其信赖的慈善组织或者信托公司担任。

第四十七条

慈善信托的受托人违反信托义务或者难以履行职责的，委托人可以变更受托人。变更后的受托人应当自变更之日起七日内，将变更情况报原备案的民政部门重新备案。

第四十八条

慈善信托的受托人管理和处分信托财产，应当按照信托目的，恪尽职守，履行诚信、谨慎管理的义务。慈善信托的受托人应当根据信托文件和委托人的要求，及时向委托人报告信托事务处理情况、信托财产管理使用情况。慈善信托的受托人应当每年至少一次将信托事务处理情况及财务状况向其备案的民政部门报告，并向社会公开。

第四十九条

慈善信托的委托人根据需要，可以确定信托监察人。信托监察人对受托人的行为进行监督，依法维护委托人和受益人的权益。信托监察人发现受托人违反信托义务或者难以履行职责的，应当向委托人报告，并有权以自己的名义向人民法院提起诉讼。

第五十条

慈善信托的设立、信托财产的管理、信托当事人、信托的终止和清算等事项，本章未规定的，适用本法其他有关规定；本法未规定的，适用《中华人民共和国信托法》的有关规定。

《中华人民共和国信托法》节选

第六章　公益信托

第五十九条

公益信托适用本章规定。本章未规定的，适用本法及其他相关法律的规定。

第六十条

为了下列公共利益目的之一而设立的信托，属于公益信托：（一）救济贫困；（二）救助灾民；（三）扶助残疾人；（四）发展教育、科技、文化、艺术、体育事业；（五）发展医疗卫生事业；（六）发展环境保护事业，维护生态环境；（七）发展其他社会公益事业。

第六十一条

国家鼓励发展公益信托。

第六十二条

公益信托的设立和确定其受托人，应当经有关公益事业的管理机构（以下简称公益事业管理机构）批准。未经公益事业管理机构的批准，不得以公益信托的名义进行活动。公益事业管理机构对于公益信托活动应当给予支持。

第六十三条

公益信托的信托财产及其收益，不得用于非公益目的。

第六十四条

公益信托应当设置信托监察人。信托监察人由信托文件规定。信托文件未规定的，由公益事业管理机构指定。

第六十五条

信托监察人有权以自己的名义，为维护受益人的利益，提起诉讼或者实施其他法律行为。

第六十六条

公益信托的受托人未经公益事业管理机构批准，不得辞任。

第六十七条

公益事业管理机构应当检查受托人处理公益信托事务的情况及财产状况。受托人应当至少每年一次作出信托事务处理情况及财产状况报告，经信托监察人认可后，报公益事业管理机构核准，并由受托人予以公告。

第六十八条

公益信托的受托人违反信托义务或者无能力履行其职责的，由公益事业管理机构变更受托人。

第六十九条

公益信托成立后，发生设立信托时不能预见的情形，公益事业管理机构可以根据信托目的，变更信托文件中的有关条款。

第七十条

公益信托终止的，受托人应当于终止事由发生之日起十五日内，将终止事由和终止日期报告公益事业管理机构。

第七十一条

公益信托终止的，受托人作出的处理信托事务的清算报告，应当经信托监察人认可后，报公益事业管理机构核准，并由受托人予以公告。

第七十二条

公益信托终止，没有信托财产权利归属人或者信托财产权利归属人是不特定的社会公众的，经公益事业管理机构批准，受托人应当将信托财产用于与原公益目的相近似的目的，或者将信托财产转移给具有近似目的的公益组织或者其他公益信托。

第七十三条

公益事业管理机构违反本法规定的，委托人、受托人或者受益人有权向人民法院起诉。

《慈善信托管理办法》

（银监发〔2017〕37号）

第一章　总则

第一条

为规范慈善信托，保护慈善信托当事人的合法权益，促进慈善事业发展，根据《中华人民共和国慈善法》（简称《慈善法》）、《中华人民共和国信托法》（简称《信托法》）、《中华人民共和国银行业监督管理法》（简称《银行业监督管理法》）等法律法规，制定本办法。

第二条

本办法所称慈善信托属于公益信托，是指委托人基于慈善目的，依法将其财产委托给受托人，由受托人按照委托人意愿以受托人名义进行管理和处分，开展慈善活动的行为。

第三条

开展慈善信托，应当遵循合法、自愿、诚信的原则，不得违背社会公德、危害国家安全、损害社会公共利益和他人合法权益。

第四条

国家鼓励发展慈善信托，支持自然人、法人和其他组织践行社会主义核心价值观，弘扬中华民族传统美德，依法开展慈善活动。

第五条

慈善信托的委托人、受托人、受益人以及监察人在中华人民共和国境内开展慈善信托，适用本办法。

第六条

国务院银行业监督管理机构及其派出机构、国务院民政部门及县级以上地方各级人民政府民政部门根据各自法定职责对慈善信托实施监督管理。

第二章　慈善信托的设立

第七条

设立慈善信托，必须有合法的慈善信托目的。

以开展下列慈善活动为目的而设立的信托，属于慈善信托：

（一）扶贫、济困；

（二）扶老、救孤、恤病、助残、优抚；

（三）救助自然灾害、事故灾难和公共卫生事件等突发事件造成的损害；

（四）促进教育、科学、文化、卫生、体育等事业的发展；

（五）防治污染和其他公害，保护和改善生态环境；

（六）符合《慈善法》规定的其他公益活动。

第八条

慈善信托的委托人应当是具有完全民事行为能力的自然人、法人或者依法成立的其他组织。

第九条

慈善信托的受托人可以由委托人确定其信赖的慈善组织或者信托公司担任。

第十条

慈善信托的委托人不得指定或者变相指定与委托人或受托人具有利害关系的人作为受益人。

第十一条

慈善信托的委托人根据需要，可以确定监察人。

监察人对受托人的行为进行监督，依法维护委托人和受益人的权益。监察人发现受托人违反信托义务或者难以履行职责的，应当向委托人报告，并有权以自己的名义向人民法院提起诉讼。

第十二条

设立慈善信托，必须有确定的信托财产，并且该信托财产必须是委托人合法所有的财产。

前款所称财产包括合法的财产权利。

第十三条

设立慈善信托、确定受托人和监察人，应当采取书面形式。

书面形式包括信托合同、遗嘱或者法律、行政法规规定的其他书面文件等。

第十四条

慈善信托文件应当载明下列事项：

（一）慈善信托名称；

（二）慈善信托目的；

（三）委托人、受托人的姓名或者名称、住所，如设置监察人，监察人的姓名或者名称、住所；

（四）受益人范围及选定的程序和方法；

（五）信托财产的范围、种类、状况和管理方法；

（六）年度慈善支出的比例或数额；

（七）信息披露的内容和方式；

（八）受益人取得信托利益的形式和方法；

（九）信托报酬收取标准和方法。

除前款所列事项外，可以载明信托期限、新受托人的选任方式、信托终止事由、争议解决方式等事项。

第三章　慈善信托的备案

第十五条

受托人应当在慈善信托文件签订之日起 7 日内，将相关文件向受托人所在地县级以上人民政府民政部门备案。

未按照前款规定将相关文件报民政部门备案的，不享受税收优惠。

第十六条

信托公司担任受托人的，由其登记注册地设区市的民政部门履行备案职责；慈善组织担任受托人的，由准予其登记或予以认定的民政部门履行备案职责。

第十七条

同一慈善信托有两个或两个以上的受托人时，委托人应当确定其中一个承担主要受托管理责任的受托人按照本章规定进行备案。备案的民政部门应当将备案信息与其他受托人所在地的县级以上人民政府民政部门共享。

第十八条

慈善信托的受托人向民政部门申请备案时，应当提交以下书面材料：

（一）备案申请书；

（二）委托人身份证明（复印件）和关于信托财产合法性的声明；

（三）担任受托人的信托公司的金融许可证或慈善组织准予登记或予以认定的证明材料（复印件）；

（四）信托文件；

（五）开立慈善信托专用资金账户证明、商业银行资金保管协议，非资金信托除外；

（六）信托财产交付的证明材料（复印件）；

（七）其他材料。

以上材料一式四份，由受托人提交履行备案职责的民政部门指定的受理窗口。

第十九条

备案后，发生第三十八条规定的部分变更事项时，慈善信托的受托人应当在变更之日起 7 日内按照第十八条的规定向原备案的民政部门申请备案，并提交发生变更的相关书面材料。

如当月发生两起或两起以上变更事项的，可以在下月 10 日前一并申请备案。

第二十条

慈善信托的受托人违反信托义务或者难以履行职责的，委托人可以变更受托人。变更后的受托人应当在变更之日起 7 日内，将变更情况报原备案的民政部门重新备案。

申请重新备案时，应当提交以下书面材料：

（一）原备案的信托文件和备案回执；

（二）重新备案申请书；

（三）原受托人出具的慈善信托财产管理处分情况报告；

（四）作为变更后受托人的信托公司的金融许可证或慈善组织准予登记或予以认定的证明材料（复印件）；

（五）重新签订的信托合同等信托文件；

（六）开立慈善信托专用资金账户证明、商业银行资金保管协议，非资金信托除外；

（七）其他材料。

以上书面材料一式四份，由变更后的受托人提交原备案的民政部门受理窗口。

第二十一条

慈善信托备案申请符合《慈善法》、《信托法》和本办法规定的，民政部门应当在收到备案申请材料之日起 7 日内出具备案回执；不符合规定的，应当在收到备案申请材料之日起 7 日内一次性书面告知理由和需要补正的相关材料。

第二十二条

信托公司新设立的慈善信托项目应当按照监管要求及时履行报告或产品登记义务。

第四章　慈善信托财产的管理和处分

第二十三条

慈善信托财产及其收益，应当全部用于慈善目的。

第二十四条

受托人管理和处分慈善信托财产，应当按照慈善信托目的，恪尽职守，履行诚信、谨慎管理的义务。

第二十五条

受托人除依法取得信托报酬外，不得利用慈善信托财产为自己谋取利益。

第二十六条

慈善信托财产与受托人固有财产相区别，受托人不得将慈善信托财产转为其固有财产。

任何组织和个人不得私分、挪用、截留或者侵占慈善信托财产。

第二十七条

受托人必须将慈善信托财产与其固有财产分别管理、分别记账，并将不同慈善信托的财产分别管理、分别记账。

第二十八条

对于资金信托，应当委托商业银行担任保管人，并且依法开立慈善信托资金专户；对于非资金信托，当事人可以委托第三方进行保管。

第二十九条

受托人应当自己处理慈善信托事务，但信托文件另有规定或者有不得已事由的，可以委托他人代为处理。

受托人依法将慈善信托事务委托他人代理的，应当对他人处理慈善信托事务的行为承担责任。

受托人因依法将慈善信托事务委托他人代理而向他人支付的报酬，在其信托报酬中列支。

第三十条

慈善信托财产运用应当遵循合法、安全、有效的原则，可以运用于银行存款、政府债券、中央银行票据、金融债券和货币市场基金等低风险资产，但委托人和信托公司另有约定的除外。

第三十一条

受托人不得将其固有财产与慈善信托财产进行交易或者将不同委托人的信托财产进行相互交易，但信托文件另有规定或者经委托人同意，并以公平的市场价格进行交易的除外。

第三十二条

委托人、受托人及其管理人员不得利用其关联关系，损害慈善信托利益和社会公共利益，有关交易情况应当向社会公开。

第三十三条

受托人应当根据信托文件和委托人的要求，及时向委托人报告慈善信托事务处理情况、信托财产管理使用情况。

第三十四条

慈善信托的受托人应严格按照有关规定管理和处分慈善信托财产，不得借慈善信托名义从事非法集资、洗钱等活动。

第三十五条

受托人应当妥善保存管理慈善信托事务的全部资料，保存期自信托终止之日起不少于十五年。

第三十六条

受托人违反法律、行政法规和信托文件的规定，造成慈善信托财产损失的，应当以其固有财产承担相应的赔偿责任。

第五章　慈善信托的变更和终止

第三十七条

慈善信托的受托人违反信托文件义务或者出现依法解散、法定资格丧失、被依法撤销、被宣告破产或者其他难以履行职责的情形时，委托人可以变更受托人。

第三十八条

根据信托文件约定或者经原委托人同意，可以变更以下事项：

（一）增加新的委托人；

（二）增加信托财产；

（三）变更信托受益人范围及选定的程序和方法；

（四）国务院民政部门和国务院银行业监督管理机构规定的其他情形。

第三十九条

慈善信托的受托人不得自行辞任，信托文件另有规定的除外。

第四十条

有下列情形之一的，慈善信托终止：

（一）信托文件规定的终止事由出现；

（二）信托的存续违反信托目的；

（三）信托目的已经实现或者不能实现；

（四）信托当事人协商同意；

（五）信托被撤销；

（六）信托被解除。

第四十一条

自慈善信托终止事由发生之日起 15 日内，受托人应当将终止事由、日期、剩余信托财产处分方案和有关情况报告备案的民政部门。

第四十二条

慈善信托终止的，受托人应当在 30 日内作出处理慈善信托事务的清算报告，向备案的民政部门报告后，由受托人予以公告。

慈善信托若设置信托监察人，清算报告应事先经监察人认可。

第四十三条

慈善信托终止，没有信托财产权利归属人或者信托财产权利归属人是不特定的社会公众，经备案的民政部门批准，受托人应当将信托财产用于与原慈善目的相近似的目的，或者将信托财产转移给具有近似目的的其他慈善信托或者慈善组织。

第六章　促进措施

第四十四条

慈善信托的委托人、受托人和受益人按照国家有关规定享受税收优惠。

第四十五条

信托公司开展慈善信托业务免计风险资本，免予认购信托业保障基金。

第四十六条

鼓励地方各级人民政府根据经济社会发展情况，制定和出台促进慈善信托事业发展的政策和措施。

第七章　监督管理和信息公开

第四十七条

银行业监督管理机构负责信托公司慈善信托业务和商业银行慈善信托账户资金保管业务的监督管理工作。县级以上人民政府民政部门负责慈善信托备案和相关监督管理工作。

第四十八条

民政部门和银行业监督管理机构应当建立经常性的监管协作机制，加强事中、事后监管，切实提高监管有效性。

第四十九条

民政部门和银行业监督管理机构根据各自法定管理职责，对慈善信托的受托人应当履行的受托职责、管理慈善信托财产及其收益的情况、履行信息公开和告知义务以及其他与慈善信托相关的活动进行监督检查。

第五十条

民政部门和银行业监督管理机构根据各自法定管理职责，联合或委托第三方机构对慈善信托的规范管理、慈善目的的实现和慈善信托财产的运用效益等进行评估。

第五十一条

民政部门和银行业监督管理机构根据履行职责的需要，可以与受托人的主要负责人和相关人员进行监督管理谈话，要求就受托人的慈善信托活动和风险管理的重大事项作出说明。

第五十二条

除依法设立的信托公司或依法予以登记或认定的慈善组织外，任何单位和个人不得以"慈善信托"等名义开展活动。

第五十三条

行业组织应当加强行业自律，反映行业诉求，推动行业交流，提高慈善信托公信力，促进慈善信托事业发展。

第五十四条

任何单位和个人发现慈善信托违法违规行为的，可以向民政部门、银行业监督管理机构和其他有关部门进行投诉、举报。民政部门、银行业监督管理机构和其他有关部门接到投诉、举报后，应当及时调查处理。

国家鼓励公众、媒体对慈善信托活动进行监督，对慈善信托违法违规行为予以曝光，发挥舆论和社会监督作用。

第五十五条

民政部门和银行业监督管理机构应当及时向社会公开下列慈善信托信息：

（一）慈善信托备案事项；

（二）慈善信托终止事项；

（三）对慈善信托检查、评估的结果；

（四）对慈善信托受托人的行政处罚和监管措施的结果；

（五）法律法规规定应当公开的其他信息。

第五十六条

受托人应当在民政部门提供的信息平台上，发布以下慈善信息，并对信息的真实性负责。

（一）慈善信托设立情况说明；

（二）信托事务处理情况报告、财产状况报告；

（三）慈善信托变更、终止事由；

（四）备案的民政部门要求公开的其他信息。

第五十七条

涉及国家秘密、商业秘密、个人隐私的信息以及慈善信托的委托人不同意公开的姓名、名称、住所、通讯方式等信息，不得公开。

第五十八条

慈善信托的受托人应当于每年 3 月 31 日前向备案的民政部门报送慈善信托事务处理情况和慈善信托财产状况的年度报告。

第八章　法律责任

第五十九条

慈善信托的受托人有下列情形之一的，由民政部门予以警告，责令限期改正；有违法所得的，由民政部门予以没收；对直接负责的主管人员和其他直接责任人员处二万元以上二十万元以下罚款：

（一）将信托财产及其收益用于非慈善目的的；

（二）未按照规定将信托事务处理情况及财务状况向民政部门报告或者向社会公开的。

第六十条

信托公司违反本办法规定的，银行业监督管理机构可以根据《银行业监督管理法》等法律法规，采取相应的行政处罚和监管措施。

第六十一条

慈善信托的当事人违反《慈善法》有关规定，构成违反治安管理行为的，依法移送公安机关给予治安管理处罚；构成犯罪的，依法移送公安、司法机关追究刑事责任。

第九章　附则

第六十二条

本办法由国务院银行业监督管理机构与国务院民政部门共同负责解释。

第六十三条

此前有关慈善信托的相关规定与本办法不一致的，以本办法为准。

第六十四条

省、自治区、直辖市、计划单列市人民政府民政部门和国务院银行业监督管理机构的省一级派出机构可以按照本办法规定结合当地实际联合制定实施细则，但不得设置或变相设置限制性条件。

第六十五条

本办法自印发之日起施行。

图书在版编目（CIP）数据

公益信托与慈善信托专论／金锦萍著. -- 北京：
社会科学文献出版社，2020.7（2024.7 重印）
（北京大学非营利组织法研究书系）
ISBN 978 - 7 - 5201 - 6573 - 0

Ⅰ.①公…　Ⅱ.①金…　Ⅲ.①慈善事业 - 信托制度 -
研究 - 中国　Ⅳ.①D632.1

中国版本图书馆 CIP 数据核字（2020）第 069088 号

·北京大学非营利组织法研究书系·
公益信托与慈善信托专论

著　　者／金锦萍

出 版 人／冀祥德
组稿编辑／刘骁军
责任编辑／关晶焱
文稿编辑／侯婧怡
责任印制／王京美

出　　版／社会科学文献出版社·法治分社（010）59367161
　　　　　　地址：北京市北三环中路甲 29 号院华龙大厦　邮编：100029
　　　　　　网址：www.ssap.com.cn
发　　行／社会科学文献出版社（010）59367028
印　　装／唐山玺诚印务有限公司

规　　格／开本：787mm × 1092mm　1/16
　　　　　　印 张：13　字 数：180 千字
版　　次／2020 年 7 月第 1 版　2024 年 7 月第 2 次印刷
书　　号／ISBN 978 - 7 - 5201 - 6573 - 0
定　　价／68.00 元

读者服务电话：4008918866